视
Horizon
界

涉外法治文库　主编　黄进

外商投资法及实施条例释用

孔庆江　著

Interpretation and Application of the Foreign Investment Law and Its Implementation Regulations

法律出版社 LAW PRESS·CHINA
北京

图书在版编目（CIP）数据

外商投资法及实施条例释用 / 孔庆江著. -- 北京 ：
法律出版社, 2025. --（涉外法治文库 / 黄进主编）.
ISBN 978 - 7 - 5244 - 0209 - 1

Ⅰ. D922.295.5

中国国家版本馆 CIP 数据核字第 2025U4X111 号

外商投资法及实施条例释用
WAISHANG TOUZIFA JI SHISHI TIAOLI SHIYONG

孔庆江 著

策划编辑 沈小英
责任编辑 毛镜澄
装帧设计 李 瞻

出版发行 法律出版社
编辑统筹 法治与经济出版分社
责任校对 张翼羽
责任印制 吕亚莉
经　　销 新华书店

开本 A5
印张 9　**字数** 253 千
版本 2025 年 5 月第 1 版
印次 2025 年 5 月第 1 次印刷
印刷 北京中科印刷有限公司

地址：北京市丰台区莲花池西里 7 号（100073）
网址：www.lawpress.com.cn
投稿邮箱：info@lawpress.com.cn
举报盗版邮箱：jbwq@lawpress.com.cn
销售电话：010 - 83938349
客服电话：010 - 83938350
咨询电话：010 - 63939796

书号：ISBN 978 - 7 - 5244 - 0209 - 1
定价：83.00 元
凡购买本社图书，如有印装错误，我社负责退换。电话：010 - 83938349

孔庆江

浙江杭州人，1965 年生，法学博士、博士后。中国政法大学二级教授、博士生导师，中国政法大学涉外法治研究院院长、习近平法治思想研究中心兼职研究员，中国国际经济法学会副会长、中国法学会世界贸易组织法研究会副会长、中国国际法学会常务理事、CGTN 专栏作者。

发表中、英文论文各 50 多篇，近 20 篇论文被 SSCI 收录，在哈佛大学、哥伦比亚大学、剑桥大学等名校刊物发表论文 6 篇，在德国、英国国际法学最权威刊物《马克斯 · 普朗克比较公法和国际法学刊》（*ZaöV*）、《英国比较法和国际法协会学刊》（*International and Comparative Law Quarterly*）发表论文 3 篇，在国际经济法学界最权威的刊物《国际经济法杂志》（*Journal of International Economic Law*）发表论文 3 篇；出版中文著作 5 部、英文专著 5 部。

1996年10月至2002年9月，分别在联合国贸易发展会议、德国马克斯 · 普朗克比较公法与国际法研究所、英国剑桥大学劳特派特国际法研究中心、新加坡国立大学东亚研究所实习、研习和工作。

总　　序

中国的涉外法治建设与中国的改革开放相伴而生、相随而行、相得益彰。事实上,党的十一届三中全会决定改革开放,中国涉外法治建设的帷幕就开启了。1979 年制定的《中华人民共和国中外合资经营企业法》就是明证,它是中国实行改革开放后制定的第一部涉外法律。改革开放 40 多年来,中国涉外法治建设不断深化、不断发展、不断前行,取得了长足的进步,极大地促进了中国的改革开放和现代化强国建设。党的十八大以来,以习近平同志为核心的党中央对全面依法治国作出一系列重大决策,提出一系列全面依法治国新理念新思想新战略,尤其高度重视加强涉外法治建设。2014 年,《中共中央关于全面推进依法治国若干重大问题的决定》明确提出要"加强涉外法律工作";2019 年,习近平总书记主持召开中央全面依法治国委员会第二次会议特别强调,"加快涉外法治工作战略布局""加强涉外法治建设";2020 年,习近平总书记在中央全面依法治国工作会议上的讲话中提出了习近平法治思想核心要义的"十一个坚持",其中首次提出"坚持统筹推进国内法治和涉外法治";党的二十大报告再次强调,"加强重点领域、新兴领域、涉外领域立法,统筹推进国内法治和涉外法治";2023 年,习近平总书记在中共中央政治局第十次集体学习时强调,"加快推进我国涉外法治体系和能力建设",并对加强涉外法治建设作了系统、深入、全面的阐述。改革开放以来,特别是党的十八大以来,中国涉外法治建设无疑是一场波澜壮阔、气势磅礴的伟大实践,也是一幅生动活泼、气象万千的时代画卷。

“涉外法治”(rule of law in foreign matters)这个概念是从中国自身的角度而言的,是站在中国自己的立场来讲的。它指的是中国立法、执法、司法机关和法律服务机构,相关自然人、法人和非法人组织,依我国法律法规,特别是涉外法律法规,以及我国缔结或者参加的国际条约,处理自身涉外事务的法治活动。严格讲,“涉外法治”对应的概念是“纯国内法治”,即中国立法、执法、司法机关和法律服务机构,相关自然人、法人和非法人组织,依我国法律法规,处理纯国内事务的法治活动。而“国内法治”(rule of law in domestic matters)是一个大概念,指的是一个国家基于主权依法治国,处理自己对内、对外事务的立法、执法、司法、守法和法律服务等法治活动,它包含纯国内法治和涉外法治两个方面,涉外法治是我国国内法治的一部分,是全面依法治国的一个重要方面的工作。所以,可以肯定地说,涉外法律法规是中国特色社会主义法律体系的重要组成部分,是涉外法治的基础,而涉外法治是中国特色社会主义法治体系的重要组成部分。

“国际法治”(international rule of law)是与“国内法治”相对应的一个概念,并与“国内法治”和“涉外法治”这两个概念密切相关。“国际法治”指的是国际社会基于国际法原则、规则、制度处理国际事务而开展的法治活动。显然,它不是一国的涉外法治,不同于“国内法治”和“涉外法治”这两个概念。全球治理所依赖的法治既包括世界各国开展国内治理所依托的国内法治,也包括国际社会治理跨国事务或者应对全球性问题的国际法治。“国内法治”“涉外法治”“国际法治”三者之间的辩证关系可以这样来分析,打个比方说,国内法治是个圆,国际法治是另一个圆,这两个圆有一小部分重叠在一起,这个重叠部分、交叉部分、结合部分、融通部分就是涉外法治。对中国而言,涉外法治是国内法治的对外延伸,是沟通国内法治和国际法治的桥梁,是联系国内法治和国际法治的纽带,是国内法治的一部分;对国际社会而言,跳出中国从第三者的视角来看,也可以把两个圆重叠、交叉、结合、融通的部分,即涉外法治部分,视为国际法治的特别部分。在某种意义上可以这样说,仅就一国而言的涉外法治,因其是国内法治和国际法治的重叠、交叉、结合、融通部分,兼具国内法治和国际法治性质。当然,国际法治涉及面更广大得多。要特别强调的是,尽管一国涉外法治与国际法治有密切的联系,但涉外法治毕竟是一国国内法治的对外延伸,不能等同于国际法治,我们既不能用一国涉外法律法规代替国际法,也不能以一国的涉外法治代替国际法治。

新时代提出坚持统筹推进国内法治和涉外法治、加快推进涉外法治体系和能力建设,有两大时代背景:一是中国特色社会主义进入了新时代。当下中国正在以中国式现代化全面建成社会主义现代化强国和全面推进中华民族伟大复兴。这就决定了践行法治既是全面推进强国建设、民族复兴伟业的手段、路径和方法,也是需要实现的重要目标,中国式现代化是在法治轨道上推进的现代化,法治现代化是中国式现代化的应有之义。而国内法治和涉外法治建设,正是全面依法治国、法治中国建设的两个方面、两个面向、两个维度。统筹推进国内法治和涉外法治,加强涉外法治体系和能力建设是以中国式现代化全面推进强国建设、民族复兴伟业的长远所需。二是世界正经历百年未有之大变局。这是一个世界经济、政治、社会、文化、生态格局深刻调整,国际形势错综复杂,经济全球化遭遇逆流,单边主义、保护主义重新抬头,世界经济复苏乏力,国际投资贸易萎缩,新冠疫情影响深远,中美两国战略博弈,局部武装冲突改变世界地缘政治格局,新一轮科技革命和产业变革深入发展,全球治理体系亟待改革和完善的历史变革期。这一时代背景决定了当下中国必须统筹国内国际两个大局,也就是统筹中华民族伟大复兴战略全局和世界百年未有之大变局,办好发展安全两件大事。我们全面推进依法治国、建设法治中国不可能关起门来施行，也不可能只推进国内法治而不去推进涉外法治，必须不断强化涉外法治体系和能力建设，统筹推进国内法治和涉外法治，以坚定维护国家主权、安全和发展权益，维护人民利益，有效防范各种风险和应对严峻挑战，推进国际关系法治化，促进国际法治进步，推动构建人类命运共同体。统筹推进国内法治和涉外法治，加强涉外法治体系和能力建设是推进高水平对外开放、应对外部风险挑战的当务之急。

涉外法治体系和能力建设是一项涉及面广、联动性强的系统工程，必须统筹国内和国际，统筹发展和安全，深刻认识做好涉外法治工作的重要性和紧迫性，统筹推进国内法治和涉外法治，建设同高质量发展、高水平开放要求相适应的涉外法治体系和能力，为中国式现代化行稳致远营造有利法治条件和外部环境。

第一，要加快涉外法治工作战略布局。面对推进高水平对外开放，涉外法治工作必须加强战略布局，占领制高点，掌握主动权。坚持前瞻性思考、全局性谋划、战略性布局、整体性推进，加强顶层设计，一体推进涉外立法、执法、司法、守法和法律服务，形成涉外法治工作大协同格局。

第二，在涉外立法方面，要加快形成系统完备的涉外法律法规体系。坚持立法先行、科学立法，统筹立改废释纂，保持时、度、效相统一，增强立法系统性、整体性、协同性、时效性，发挥立法的引领和推动作用，抓住提高立法质量这个关键。进一步建立健全反制裁、反干涉、反制“长臂管辖”的法律法规，充实应对挑战、防范风险的法律“工具箱”。加快推进我国法域外适用的法律体系建设，为我国涉外执法、司法活动提供法律依据。

第三，在涉外执法方面，要加快建立健全涉外执法体系。构建协同高效的涉外法治实施体系，提升涉外执法水平和效能。尤其要不断加强对外经济贸易领域的执法能力，依法维护国家主权、安全和发展利益，依法保障中国公民、法人和非法人组织在海外的合法权益,依法保护外商来华投资贸易权益,反制非法单边制裁,营造市场化、法治化、国际化、便利化一流营商环境,推进高水平对外开放。

第四,在涉外司法方面,要加快提高涉外司法公信力。把涉外公正司法放到重中之重的位置,积极推进涉外司法审判体制机制进行符合审判规律的改革和创新,不断提高涉外司法审判能力和水平,强化涉外司法效能,努力让当事人在每一个涉外司法案件中感受到公平正义。

第五,在涉外守法方面,要加快提升涉外活动主体的法治素养。在涉外工作中强化法治意识和合规意识,加强企业合规管理,引导企业、公民在“走出去”过程中更加自觉地遵守当地法律法规和风俗习惯,运用法治和规则维护自身合法权益。

第六,在涉外法律服务方面,要加快强化涉外法律服务体系和能力。通过优质的法律服务切实维护中国公民、法人在海外及外国公民、法人在中国的正当合法权益,依法维护海外侨胞权益。要注重培育一批国际一流的仲裁机构、调解机构、律师事务所及其他法律服务机构,把涉外法治保障和服务工作做得更有成效。

第七,在国际交流合作方面,要加快深化法治领域国际合作。基于国际条约和平等互惠,深化执法司法国际合作。加强反腐败国际合作,积极参与执法安全国际合作。深化司法领域国际合作,完善我国司法协助体制,扩大国际司法协助覆盖面,积极开展域外送达、取证,域外法律查明,仲裁裁决和法院判决的相互承认与执行等司法协助。深化律师、仲裁、调解、公证、法律援助、司法救助等领域的法律服务协作。加强领事保护与协助,建强保护我国海外利益的法治安全链。加强中国法治的国际传播,讲好中国法治故事。

第八,在队伍建设方面,要加快高素质涉外法治人才培养。高素质涉外法治人才是具有坚定理想信念、强烈家国情怀、深邃世界眼光、宽广全球胸怀、扎实法学根底，熟悉中国国情，通晓国际规则，善于处理涉外法律事务的法治人才。鉴于涉外法治人才必须通晓国际法律规则、善于处理涉外法律事务，其核心专业知识、专业能力和专业素养是国际法专业，因此可以这样说，涉外法治人才就是国际法治人才。加强高素质涉外法治人才的培养，要从法学院校专业培养和在职继续教育培训两方面入手。在法学院校专业人才培养方面，要坚持立德树人、德法兼修，在夯实法学根底的基础上，依靠国际法专业师资队伍，基于国际法学科专业平台，完善以实践为导向的培养机制，着力培养出一批政治立场坚定、专业素质过硬、通晓国际规则、精通涉外法律实务的涉外法治人才。在继续教育培训方面，要面向涉外实务工作者开展涉外法治方面的继续教育培训，加强涉外干部队伍法治能力建设，打造高素质专业化涉外法治工作队伍。同时，各级领导干部要带头尊法、学法、守法、用法，切实提升涉外法治思维和依法办事能力。健全人才引进、选拔、使用、管理机制，做好高端涉外法治人才培养储备。

坚持统筹推进国内法治和涉外法治，加快推进涉外法治体系和能力建设，事关中国全面推进依法治国，事关中国推进高水平对外开放，事关中国外交工作大局，事关中国稳妥有效应对复杂多变的国际局势，事关中国参与全球治理体系改革和建设，事关推进国际关系法治化，促进国际法治进步，推动构建人类命运共同体。因此，习近平总书记在2023年中共中央政治局第十次集体学习时特别强调，加强涉外法治建设既是以中国式现代化全面推进强国建设、民族复兴伟业的长远所需，也是推进高水平对外开放、应对外部风险挑战的当务之急。要从更好统筹国内国际两个大局、更好统筹发展和安全的高度，深刻认识做好涉外法治工作的重要性和紧迫性，建设同高质量发展、高水平开放要求相适应的涉外法治体系和能力，为中国式现代化行稳致远营造有利法治条件和外部环境。

2023年是中国涉外法治建设和发展进程中非常重要的一年。这一年,《中华人民共和国对外关系法》和《中华人民共和国外国国家豁免法》相继制定出台,《中华人民共和国民事诉讼法》第四编“涉外民事诉讼程序的特别规定”进行了大幅度的修改,最高人民法院先后发布了《最高人民法院关于适用〈中华人民共和国涉外民事关系法律适用法〉若干问题的解释(二)》、《最高人民法院关于审理涉外民商事案件适用国际条约和国际惯例若干问题的解释》、《最高人民法院关于设立国际商事法庭若干问题的规定》(2023年修正)。与此同时,涉外执法、司法、守法和法律服务受到前所未有的重视,各项涉外法治工作蓬勃发展。正是在这样的时代背景下,我们,一群志同道合的国际法专业同仁希望在涉外法治研究方面有所开拓、有所创新、有所作为。2023年7月,法律出版社社务委员、法治与经济分社社长沈小英建议,出版一套“涉外法治文库”。现摆在读者面前的就是我们共同商定、合力编写出版的这套“涉外法治文库”。该文库将立足中国涉外立法、执法、司法、守法和法律服务实践,以全国人大及其常委会制定的专门的涉外法律为主线,兼顾国务院出台的重要涉外行政法规,诠释、解读、剖析中国涉外立法及相关涉外法治实践,并同外国和国际实践进行比较分析,探讨中国涉外法律法规的准确适用,探索中国涉外法治建设的规律和优化发展之路。为了编写出版好这套文库,我们制订了策划方案,组建了一个学缘结构多元、老中青国际法专家学者结合的编辑委员会,聚合了一个颇具规模的以中青年国际法专家学者为主体的编写团队,法律出版社法治与经济分社则选定了经验丰富的编辑负责项目推进及编辑工作。现在出版“涉外法治文库”可谓恰逢其时,万事俱备。

庄子云:“吾生也有涯,而知也无涯。”仰观宇宙之大,俯察知识之盛,人生真有“少年易老学难成,一寸光阴不可轻”之感慨。我们面对的涉外法治建设,是全面推进依法治国和法治中国建设的必修课,是涉及面广、联动性强的系统工程，是永远在路上并循序渐进的长征，也是求真向善至美的文化苦旅。我辈国际法同仁适逢这个时代，唯有尽力而为，砥砺前行，奋发图强，久久为功。能为中国涉外法治建设添砖加瓦，贡献一份力量，实为不可多得的快事。

甚幸甚幸，快哉快哉！是为序。

*

2024 年 3 月 19 日于京华

---

* 黄进，中国政法大学教授，中国法学会副会长，中国国际法学会会长，中国国际私法研究会会长。

目录 CONTENTS

第一章

《外商投资法》的立法过程和结构安排

十三届全国人大二次会议于2019年3月15日表决通过《外商投资法》,该法自2020年1月1日起施行。作为专门的外资法典,《外商投资法》重构了我国的外资基础性法律,该法将专注于政府对外商投资的促进和保护,以及对外国投资者、外商投资和外商投资企业的管理。本部分将简要介绍《外商投资法》的立法进程,并对该法涉及的重大问题进行总体解读,希望有助于读者更好地理解和适用该法。

一、《外商投资法》的立法过程

自改革开放以来,我国的外商投资管理体制历经多次修改,基本上形成了以原外资三法即《中外合资经营企业法》《外资企业法》《中外合作经营企业法》三部法律为主线(以上三法已失效),《外商投资产业指导目录》(已失效)为配套,其他国务院行政法规和部门规章为补充的规范体系。

2008年开始,传统外商投资管理体制开始转型,当年生效的《企业所得税法》开始了外商投资企业与内资企业所得税体制并轨的进程,并在5年内过渡完成并轨;同样在当年生效的《反垄断法》与1993年颁布的《反不正当竞争法》共同构成我国外商投资企业与内资企业公平竞争的法律体系。

在2013年7月第五轮中美战略与经济对话中,中国同意在两国间的双边投资协定谈判中采用“准入前国民待遇+负面清单”原则,尽管谈判后来被中止,但这一原则后来直接在中国国内立法实践中体现出来。2013 年 9 月 29 日，在上海设立中国自由贸易试验区（以下简称自贸区），对开放外资进行压力测试。从 2013 年 10 月 1 日起，相关外资管理法律的规定在自贸区范围内暂停实施 3 年，自贸区外资准入负面清单同时公布实施。2013 年 11 月 12 日，中国共产党第十八届中央委员会第三次全体会议通过了《中共中央关于全面深化改革若干重大问题的决定》，该决定提出实行统一的市场准入制度，在制定负面清单基础上，各类市场主体可依法平等进入清单之外领域，探索对外商投资实行“准入前国民待遇 + 负面清单”的管理模式。自此，我国进入试行“准入前国民待遇 + 负面清单”管理模式的阶段。

在此背景下，当时社会各界预测 3 年届满之后，中国将完成与美国的双边投资协定谈判，并制定一部取代现行外资三法的新的统一外资法典。故此，2015 年 1 月商务部公布的《外国投资法（草案征求意见稿）》可谓是符合前述期待的产物。2016 年 9 月，相关外资管理法律的规定在自贸区范围内暂停实施即将届满 3 年，全国人大常委会颁布了《关于修改〈中华人民共和国外资企业法〉等 4 部法律的决定》（以下简称《决定》）。《决定》将原外资三法以及《台湾同胞投资保护法》中不涉及特别管理措施（负面清单）的相关行政审批要求修改为适用备案管理。但遗憾的是，在自贸试验区 3 年试验期届满之际，虽然中美双边投资协定经历了艰辛的谈判，但最终没能如期达成，且原有外资三法合并订立新法的条件仍不成熟，《外国投资法》也并没有如期而至。这里补充说明一个背景，在商务部《外国投资法（草案征求意见稿）》公布不久，国家发展和改革委员会（以下简称国家发改委）也开始起草外资基础性法律，冠名为《外商投资法》。与商务部公布的《外国投资法（草案征求意见稿）》相比，国家发改委起草的《外商投资法（草案）》没有对外公布。但在前述立法时机不成熟的情况下，无论是商务部起草的《外国投资法（草案征求意见稿）》还是国家发改委起草的《外商投资法（草案）》，均不可能被正式列入立法规划。

2017 年 7 月 17 日，中共中央总书记、国家主席、中央军委主席、中央财经领导小组组长习近平主持召开中央财经领导小组第十六次会议，研究改善投资和市场环境、扩大对外开放问题。会上，习近平总书记强调："要加快统一内外资法律法规，制定新的外资基础性法律。要清理涉及外资的法律、法规、规章和政策文件，凡是同国家对外开放大方向和大原则不符的法律法规或条款，要限期废止或修订。外资企业准入后按照公司法依法经营，要做到法律上平等、政策上一致，实行国民待遇。"①在这一会议精神指导下，2018 年外资基础性法律立法正式进入国务院和全国人大常委会的议事日程。2018 年 3 月第十三届全国人大第一次会议全国人大常委会立法项目欲将原来的外资三法整合，制定外商投资国家安全审查条例也已被列入《国务院 2018 年立法工作计划》。以上表明国务院认为制定外资基础性法律的时机已经成熟，国务院立法工作计划中规定"外国投资法"的起草单位为商务部和国家发改委。2018 年 9 月 7 日，制定《外国投资法》被列入《十三届全国人大常委会立法规划》的第一类项目（条件比较成熟、任期内拟提请审议的法律草案），上面规定的"提请审议机关或牵头起草单位"为国务院。起草"外商投资法"的实际工作是由原国务院法制办公室和原司法部合并的基础上新组建的司法部正式专司负责的。2018 年旨在统一现有外资法律的外资基础性法律被列入立法规划，2018 年 12 月，国务院将《外商投资法（草案）》提请全国人大常委会审议。

2018 年 12 月 23 日，第十三届全国人大常委会第七次会议对《外商投资法（草案）》进行了首次审议。仅仅 个月后，全国人大常委会于 2019 年 1 月 29 日，加开第八次常委会会议，再次审议《外商投资法（草

① 《习近平：营造稳定公平透明的营商环境 加快建设开放型经济新体制》，载《人民日报》2017 年 7 月 18 日，第 1 版。

案)》。2019 年 3 月 8 日全国人大第三次审议了《外商投资法(草案)》。短短 3 个月就进行了 3 次审议并“过审”,可见《外商投资法》的出台过程十分紧凑。最终,第十三届全国人大第二次会议于 2019 年 3 月 15 日对该草案进行了表决并予以通过。

这里需要说明的是,有观点提出《外商投资法》的立法过程很紧,甚至有压缩正常的立法进程之嫌,这个说法其实是不符合事实的。首先,如前文所述,从 2013 年开始,中国就开始了有关外商投资立法制度的修改。到了 2015 年商务部公布《外国投资法(草案征求意见稿)》,出台新法的呼声到了一个小高潮。此后,国家发改委也加入这个起草的行列,制定了《外商投资法(草案)》。从这两个草案并列,到国务院和全国人大常委会先后将外资基础性法律列入其立法工作计划和立法规划,体现出中央对《外商投资法》从酝酿走向达成共识的过程。在国务院于 2018 年向全国人大常委会提交草案后,就进入了立法机构最后的立法进程。这个过程直到 2019 年 3 月 15 日通过该法时终止,历时并不短。2018 年 12 月 23 日全国人大常委会第一次审议后,全国人大宪法和法律委员会、全国人大常委会法制工作委员会通过多种方式广泛征求地方、部门、研究机构的意见,召开座谈会听取外国商会协会、外商投资企业的意见,通过中国人大网公布草案征求社会公众的意见。2019 年 1 月 29 日全国人大常委会第二次审议后,全国人大常委会办公厅及时将《外商投资法(草案)》印发全国人大代表,部署组织全国人大代表研读讨论草案工作,征求代表意见。2019 年 2 月 25 日,宪法和法律委员会召开会议,根据全国人大常委会第八次会议的审议意见、代表研读讨论中提出的意见及其他各方面意见,对草案作了进一步修改完善。全国人大常委会两次审议和广泛征求意见,草案充分吸收各方的意见和建议,已经比较成熟,形成了提请提交第十三届全国人大的《外商投资法(草案)》二次审议稿。在第十三届全国人大第二次会议期间,全国人大宪法和法律委员会再次根据各代表团审议意见和有关方面的意见,对《外商投资法(草案)》二次审议稿进行8处修改和完善。2019年3月12日,草案修改稿经人大主席团会议审议通过后,再次印发各代表团审议,然后按照各代表团的意见修改并形成《外商投资法》的表决稿,最终于3月15日交全体代表表决。从以上过程来看,有关《外商投资法》匆忙制定的说法并不成立。其次,《外商投资法(草案)》提交到全国人大常委会后,立法进程相对加速,既表明体制内外对这样一部法的强烈期待,也表明参与立法工作的人大代表和有关人士对主要问题已达成或基本达成共识,更体现了领导和决策层对目前草案大致肯定性的认知。当然这一切与对外开放的大环境不可分割,一部高水平的《外商投资法》既能体现我国对进一步推进体制改革和市场开放的承诺,又标志我国高水平的体制改革和市场开放的落实。但需要说明的是,对于立法进程来说,中国内在的对外开放和投资自由化的要求是决定《外商投资法》立法进程的主要原因和内在动力。

在《外商投资法》的立法进程中,还有一个立法机构层级的选择问题,即为何最终通过该法的机构是全国人大,而不是全国人大常委会。在中国的立法体制中,一部法律既可以是全国人大制定的,也可以是全国人大常委会制定的。考虑全国人大一年只召开一次会议,大部分时间处于休会中,从实践看,绝大部分法律是由全国人大常委会在全国人大休会期间制定的。在《外商投资法》制定时,也存在立法机构层级的选择问题。《外商投资法》由全国人大常委会审议二次,然后交由全国人大审议和表决通过。理由如下:首先,《外商投资法》在中央文件中被定位为一部“外资基础性法律”,其立法定位属于基本法律的范畴。《立法法》规定,基本法的立法权在全国人大,该法第7条明确规定“全国人民代表大会制定和修改刑事、民事、国家机构的和其他的基本法律。全国人民代表大会常务委员会制定和修改除应当由全国人民代表大会制定的法律以外的其他法律……”。[①] 其次，原外资三法的第一部法律原《中外合资经营企业法》是由全国人大制定的，从严格的意义上讲，由全国人大常委会废止全国人大制定的法律，是不太合适的。既然原外资三法是作为一个整体来处理的，全部由全国人大处理这个立法和废法的任务就更符合立法程序。最后，全国人大作为最高国家权力机关，由其制定《外商投资法》在一定程度上更加体现我们作为全面对外开放承诺的外资立法的严肃性。《外商投资法》也是全国人大第二次会议表决的唯一法律，全国人大对该法高度重视，由此可见一斑。

二、《外商投资法》的结构安排

（一）外资基础性法律的名称

在立法起草过程中，发生了有关外资基础性法律名称的争议，在究竟是用外商投资法还是外国投资法问题上，存在不同意见。2015 年 1 月公布的《外国投资法（草案征求意见稿）》使用了“外国投资法”的名称。即便其在被列入《国务院 2018 年立法工作计划》和《十三届全国人大常委会立法规划》时，似乎仍倾向于外国投资法。

但事实上，从“外国投资”和“外商投资”的词源来看，其均是英文“foreign investment”的中文翻译“外来的投资”的衍生。“foreign

① 参见《立法法》第 7 条。

investment”(外来的投资)本来既可涵盖来自外商的投资,也可指外国国家或者政府的投资,但纯粹从中文的词义上看,“外国投资”指代的是“外国国家的投资”,“外商投资”指代的是外国商人的投资。而客观上,该基础性法律调整的对象几乎所有的投资均是外商的投资,而基本上没有外国国家的投资。因此,从中文本来的词义来说,外商投资法这个名称比外国投资法更符合外资基础性法律调整对象的原意。

退一步讲,即便存在实际上的外国国家或政府的投资,如果使用“外商投资法”的名称,我们就能在法律上将一切外来的(foreign)投资视为私人的投资,就应受中国法律管辖;如果使用“外国投资法”,就容易被解释为法律承认外国国家或政府的投资,那我国法律和政府在对这部分投资进行管辖时,就会有一定的法律障碍,基于国际法上的国家主权平等原则,我国对外国国家或政府不行使管辖权。

长期以来,无论是在法规还是法理上,我们都习惯于使用“外商投资”,特别是考虑到我国一直沿用《外商投资产业指导目录》(已失效)作为投资者在市场准入方面的指导性文件,“外商投资法”则更加具有中国特色,且符合惯例。

此外,在大众眼里,外国是相对于中国的,如果使用“外国投资法”这一名称,容易给人一种印象:这个法不包括来自港澳台地区的投资。虽然就全国人大及其常委会制定的涉外法律而言,并未有法律层面的立法明确规定“涉港涉澳事务参照涉外法律”,但实际司法实践均系以参照处理。考虑我国内地(大陆)吸收的外来投资70% ~80%系来自港澳台地区,以外国投资法冠名会造成一种两难选择:如果将港澳台地区投资纳入《外国投资法》调整范围,会给大众留下外资基础性法律将港澳台地区当作外国的印象,这存在政治上的错误。如果不将港澳台地区投资纳入,制定本法的意义就会大大降低(在这种情况下制定的《外国投资法》实际上就不再具有外资基础性法律的功能),势必需要另行制定港澳地区在内地(台湾地区在大陆)投资法。但如此立法会造成关于外商投资统计口径上的困难,因为政府在统计外商投资时,是将港澳台地区投资包含在外商投资内的,如果立法二分不仅不利于对有关统计数字的利用,还会影响投资管理。

最终,全国人大常委会于2018年12月23日开始审议的草案以《外商投资法》冠名。对于此,最高国家立法机关无疑是考虑了前述几点原因,故沿用了我国外商投资管理领域传统的称呼,以《外商投资法》命名外资基础性法律。

(二)《外商投资法》的基本内容

一部外资基础性法律可以纳入的问题有很多。传统上出于促进和保护投资的目的,外资基础性法律的框架往往以投资保护为核心内容,有关投资保护的核心条款主要是指征收条款和自由汇兑条款。征收条款的内容是指国家承诺对外资不予征收或国有化,除非出于公共利益的需要,并给予合理的补偿。自由汇兑条款的内容指国家承诺作为投资汇入的外资的利润及本金可以兑换成可自由兑换的货币汇出境外。

自20世纪80年代起,投资自由化议题成为投资领域的基本议题。一方面,越来越多的国家开始在原则上赋予所有领域的外资享有不低于东道国内资的投资待遇,特殊领域可以明确列出例外,这就是有关法律规定的外资的"准入前国民待遇+负面清单"条款。这部分有关投资准入的规定虽然往往体现在国家参与的投资协定或自贸协定中,但必然对国内与外商投资相关的法律产生影响。这个阶段的外商投资基础性的法律中会出现国民待遇的条款,但是负面清单是随时间而更新的,一般不会直接写入法律本身。另一方面,投资自由化阶段,政府秉持自由市场原则去管制,逐步去除对外资的管制措施。

到了21世纪,由于新兴市场国家的迅速崛起及其在国际投资中的重要地位，发达国家在国际投资问题上的立场开始发生变化，它们逐渐从如何片面促进对外投资自由化转向平衡投资者权利与本国政府监管空间，更多关注新兴经济体投资对本国经济发展的影响问题，扩大政府的监管空间，增加政府基于国家安全、环境保护和劳工权利等理由对外资准入和经营要求等方面监管。虽然这些旨在确保扩大政府对外商投资监管权力的规则早期体现在投资协定或自贸协定的投资条款中，但也逐渐地影响了与外商投资相关的国内立法，其体现为以约束和引导外商投资的合规要求。当然，关于针对外商投资监管的范围可以很广，例如外资的登记、报告和统计的管理，但按照国民待遇原则，针对外资的登记、报告和统计的管理应与内资相同，没有必要将其详细规定在外资基础性法律中。而且从国际范围看，专门针对外资最主要的监管理由是国家安全、环境保护和劳工权利。

2015 年商务部的《外国投资法（草案征求意见稿）》设置了大量的有关监管外资的规定，其内容除了准入管理、国家安全审查，还包括被称为事中事后监管的大量规则，比如登记、信息报告，内容极其详细。而《外商投资法》在外商投资管理上则非常简洁，只保留限于外资监管的部分规则，这体现了政府职能转变“放管服”的要求。①

（三）《外商投资法》的结构

《外商投资法》共分 6 章，分别为总则、投资促进、投资保护、投资管理、法律责任和附则，共 42 条，内容简洁明了。下文将针对《外商投资法》的适用范围、投资促进、投资保护、投资管理方面作简要阐述。

---

① 2016 年 5 月 9 日，时任国务院总理李克强在《政府工作报告》提出，持续推进简政放权、放管结合、优化服务，不断提高政府效能。“放管服”，就是简政放权、放管结合、优化服务的简称。

1. 适用范围

《外商投资法》明确规定该法适用于在中国的外商投资。那么,对于外商投资的定义,从理想角度,本法最好给外商投资下一个各方面普遍接受的定义。但任何定义都存在价值取向问题。一方面,定义的准确性本身就是建构主义的结果,它既受到价值导向的影响,也会因为不同时期的社会需求而发生改变;另一方面,一个定义能否被普遍接受要考虑该定义的目的是满足本国对于经济发展的需求还是境外投资者获得投资保障的需求,抑或是我国国内法对投资定义与相关国际条约一致性的义务要求等。从国际政治的角度考虑,投资定义的取舍既要与各国的需求和国情有关,也要考虑不同国家在国际磋商能力上的差距。就当今中国引进外来投资的基本现状及世界投资法律框架的国际形势而言,能得到各国投资者普遍接受的投资定义必然是能给境外投资者尽可能大的保护,但这会给我国投资行政管理体制和司法体制带来过大的监管压力。因此,对于投资定义的回答和选择,既不能简单地参考某项投资协定的安排,照搬照抄,也不能罔顾中国的经济发展情况(包括增速放缓、产业升级换代等)。若要提供一个相对合理的答案,则需要立法者扎根国情作比较法研究并将中国国际条约义务进行归整。

《外商投资法》没有采用国际投资协定中经常使用的资产定义方法,而是沿用了我国外商投资立法的风格,采用普通商人能够直观理解的定义方法。例如,境外投资者在中国境内设立的企业再投资属于“涵盖投资”(covered investment),在以往的做法上一般都是将投资和再投资一视同仁,并同等适用相关规定或限制。否则,这极易导致外资企业通过再投资形式规避准入门槛而进入某些需要实施市场准入特别管理措施的行业。《外商投资法》在外商投资定义的列举中实际上也确认了再投资的外商投资定性。又如,在以往外商投资管理的实践中,“具有证券性质的投资”(portfolio investment)一般都不纳入外商投资中。这些证券性质的投资通常就包括了低于 10% 的小股东投资，这些小股东常常会利用所属国与投资东道国之间的国际投资协定，通过投资仲裁的方式提起“轻浮之诉”，导致东道国频频成为国际投资仲裁的被告。考虑这个风险，《外商投资法》在外商投资定义的列举中实际上也排除具有证券性质的投资。

此外，《外商投资法》也适用于我国港澳台地区的投资。《外商投资法》顾名思义适用于在中国的外商投资，因此在立法过程中，很多媒体和人大代表对该法草案没有规定“本法参照适用港澳台投资”的条款感到担忧。

实际上，我国吸收的外来的投资 70% ~80% 来自我国的港澳台地区，而且在有关外商投资的统计口径上，港澳台地区投资是包含在外商投资内统计的，因此《外商投资法》适用范围包括港澳台地区投资是顺理成章的。另外，《外商投资法》适用于港澳台地区投资，与该法采用《外商投资法》的名称也不相悖，虽然《外商投资法》没有规定“本法参照适用港澳台地区投资”的条款，但《外商投资法》的规则参照适用于港澳台地区投资不存在任何问题。

至于为何《外商投资法》没有规定“本法参照适用港澳台地区投资”的条款，主要是全国人大及其常委会制定的涉外法律尚未出现专门规定涉港涉澳事务参照涉外法律的做法，这一惯例不宜打破。当然，可以在该法的司法解释①或为实施该法而制定的国务院行政法规或部门规章中再作相应规定。

2. 投资促进

为积极促进外商投资，《外商投资法》不仅在第 3 条进行了原则性规

---

① 例如，最高人民法院《关于适用〈中华人民共和国民事诉讼法〉的解释》第 549 条规定：“人民法院审理涉及香港、澳门特别行政区和台湾地区的民事诉讼案件，可以参照适用涉外民事诉讼程序的特别规定。”

定，即国家实行高水平投资自由化、便利化政策，建立和完善外商投资促进机制，营造稳定、透明、可预期的投资环境，同时也从其他五个方面作了规定：

一是明确对外商投资实行“准入前国民待遇 + 负面清单”管理制度（第4条）。

二是明确国家支持企业发展的各项政策同等适用于外商投资企业；制定与外商投资有关的法律、法规、规章应当采取适当方式征求外商投资企业的意见和建议，与外商投资有关的规范性文件、裁判文书等应当依法及时公布；国家建立健全外商投资服务体系，为外国投资者和外商投资企业提供法律法规、政策措施、投资项目信息等方面的咨询和服务（第9条至第11条）。

三是明确外商投资企业平等参与标准制定工作和政府采购活动，标准制定应当强化信息公开和社会监督，国家制定的强制性标准平等适用于外商投资企业；政府采购依法对外商投资企业在中国境内生产的产品和提供的服务平等对待（第15条、第16条）。

四是明确外商投资企业可以依法通过公开发行股票、公司债券等证券和其他方式进行融资（第17条）。

五是明确县级以上人民政府可以在法律、行政法规和地方性法规规定的权限内制定外商投资促进政策，各级人民政府及其有关部门应当进一步提高外商投资服务水平（第18条、第19条）。

3. 投资保护

为加强对外商投资合法权益的保护，《外商投资法》从四个方面作了规定：

一是加强对外商投资企业的产权保护。《外商投资法》规定国家对外商投资不实行征收，但在特殊情况下，国家为了公共利益需要实行征收的，应当依照法定程序进行，并给予公平、合理的补偿（第20条）；外国投资者在中国境内的出资、利润、资本收益等可以依法以人民币或者外汇自由转出(第21条);国家依法保护外国投资者和外商投资企业的知识产权,鼓励在外商投资过程中基于自愿原则和商业规则开展技术合作,技术合作的条件由投资各方协商确定,行政机关及其工作人员不得利用行政手段强制转让技术(第22条)。

二是强化对涉及外商投资的规范性文件制定的约束。该法规定政府及其有关部门制定涉及外商投资的规范性文件应当符合法律法规的规定,不得违法减损外商投资企业合法权益或者增加其义务,不得违法设置市场准入和退出条件、违法干预或者影响外商投资企业的正常生产经营活动(第24条)。

三是促使地方政府守约践诺。该法规定地方各级人民政府及其有关部门应当严格履行向外国投资者、外商投资企业作出的政策承诺和依法订立的各类合同;因国家利益、社会公共利益需要改变政府承诺和合同约定的,应当严格依照法定权限和程序进行,并依法对外国投资者、外商投资企业因此受到的损失予以补偿(第25条)。

四是完善外商投资企业投诉维权机制。该法规定国家建立外商投资企业投诉工作机制,协调完善外商投资企业投诉工作中的重大政策措施,及时解决外商投资企业反映的问题;外国投资者、外商投资企业可以依法成立和自愿参加商会、协会来维护自身合法权益(第26条、第27条)。

4. 投资管理

《外商投资法》针对投资管理作了四个方面的规定:

一是要落实"准入前国民待遇+负面清单"管理制度。《外商投资法》规定,外商投资准入负面清单规定禁止投资的领域,外国投资者不得投资;负面清单限制投资的领域,外国投资者进行投资应当符合负面清单规定的条件;负面清单以外的领域,按照内外资一致的原则实施管理

(第28条)。

二是要与有关法律法规相衔接。需要指出的是,《外商投资法》是一部框架性的法律,很多外商投资的制度从立法技术上不宜详细规定在该法中,而需要与其他法律法规相衔接,才能构成我们完整的外商投资法律制度。该法规定,外商投资项目的核准、备案按照国家有关规定执行;外国投资者投资依法需要取得许可的行业、领域应当办理相关许可手续;外商投资企业的组织形式和组织机构,适用《公司法》和《合伙企业法》的规定;外商投资企业的登记以及税收、会计、外汇等事宜应依照有关法律、行政法规和国家有关规定办理;外国投资者并购中国境内企业或以其他方式参与经营者集中的,需受制于《反垄断法》的相关审查(第29条、第30条、第31条、第32条、第33条)。

三是建立外商投资信息报告制度。《外商投资法》规定国家建立外商投资信息报告制度,信息报告的内容和范围按照确有必要、严格控制的原则确定,外国投资者或者外商投资企业通过企业登记系统和企业信用信息公示系统向商务主管部门报送投资信息,通过部门信息共享能够获得的投资信息不得再行要求报送(第34条)。

四是建立外商投资国家安全审查制度。为维护国家安全,《外商投资法》规定国家建立外商投资安全审查制度,并对外商投资安全审查制度作了原则规定,并明确安全审查决定为最终决定(第35条)。

综上所述,《外商投资法》是"在外商投资领域起龙头作用、具有统领性质的法律",①其具备了投资法特别是外资基础性法律的基本内容,即投资保护、投资促进和投资管理,具备促进、保护和管理外商投资的功能。

---

① 参见全国人大常委会原副委员长王晨《关于〈中华人民共和国外商投资法(草案)〉的说明——2019年3月8日在第十三届全国人民代表大会第二次会议上》,载中国政府网,https://www.gov.cn/xinwen/2019-03/09/content_5372190.htm。

小 结

《外商投资法》以法律形式固定了我国自2013年以来在外商投资领域的所有重大改革措施，彻底统一、明确地落实了“准入前国民待遇+负面清单”管理制度。正如全国人大常委会原副委员长王晨在2019年3月8日第十三届全国人大第二次会议上所作的《关于〈中华人民共和国外商投资法(草案)〉的说明》报告中所指出的那样，《外商投资法》“坚定实行高水平投资自由化便利化政策，保护外商投资合法权益，营造法治化、国际化、便利化营商环境，以高水平对外开放推动经济高质量发展，充分彰显了新时代我国进一步扩大对外开放、积极促进外商投资的决心和信心”。

第二章

总　则

条文内容

第一条 为了进一步扩大对外开放,积极促进外商投资,保护外商投资合法权益,规范外商投资管理,推动形成全面开放新格局,促进社会主义市场经济健康发展,根据宪法,制定本法。

关联法律

《宪法》第十八条 中华人民共和国允许外国的企业和其他经济组织或者个人依照中华人民共和国法律的规定在中国投资,同中国的企业或者其他经济组织进行各种形式的经济合作。在中国境内的外国企业和其他外国经济组织以及中外合资经营的企业,都必须遵守中华人民共和国的法律。它们的合法的权利和利益受中华人民共和国法律的保护。

条文释义

首先,《外商投资法》第1条明确本法的上位法依据系我国的根本大法——《宪法》。《宪法》第18条规定:"中华人民共和国允许外国的企业和其他经济组织或者个人依照中华人民共和国法律的规定在中国投资,同中国的企业或者其他经济组织进行各种形式的经济合作。在中国境内的外国企业和其他外国经济组织以及中外合资经营的企业,都必须遵守中华人民共和国的法律。它们的合法的权利和利益受中华人民共和国法律的保护。”而《外商投资法》第1条中“根据宪法”这一表述意在强调《外商投资法》的根本大法依据。

其次,《外商投资法》第1条明确了本法的立法目的、意义、背景。

回顾历史,1978年,以党的十一届三中全会为标志,中国作出了实行改革开放的伟大决策,开启了改革开放的伟大征程。为吸引外资,1979年通过的原《中外合资经营企业法》作为我国第一部有关外商投资的法律,不仅具有极大的政治意义,更是立法史上的里程碑事件。1986年和1988年,全国人大又分别制定了原《中外合作经营企业法》和原《外资企业法》。以上这三部法律也被称为中国的外资三法。与此同时,国务院和相关部门、地方政府也相应制定了一系列与外商投资相关的配套法规和规章。原外资三法和相关配套的法规、规章,对促进我国改革开放的发展发挥了重大的作用。

随着经济全球化和我国对外开放的发展,为了顺应我国融入世界经济的形势变化,我国原外资三法也一直在做调整。在加入世界贸易组织前后,为了履行我国在《入世议定书》中的承诺和在世界贸易组织协定下的义务,使我国的外资法律制度与世界贸易组织有关协定相一致,我国对原外资三法进行了修改,删除了原来要求外商投资企业在境内优先采购、实现外汇收支平衡、出口实绩等规定,以适应加入世界贸易组织的要求。经过10多年的发展,我国进入全面深化改革阶段。2013年全国人大常委会作出决定,设立自贸区并在试验区内暂停适用相关外商投资法律的规定,对外商投资探索实行“准入前国民待遇+负面清单管理”的方式。2016年,自贸区的探索期满3年,根据实践取得的经验,“准入前国民待遇+负面清单”管理制度被认为可以推广全国,因此全国人大常委会对原外资三法和《台湾同胞投资保护法》作出了修改的决定。

尽管我国国内有关外商投资的法律为适应世界经济变化而不断被修整，但在中美投资协定谈判与中国经济转型的背景下，原外资三法已经无法满足新时代的实践需要，尤其是无法满足全面加强对外商投资的促进、保护和规范外商投资管理的需要。改革开放初期，我国吸引外资的优势主要倚靠于要素成本和人口红利，但是随着我国经济的迅猛上升，国内经济发展趋于平稳，经济制度构建趋于完善，这两个红利的优势在逐渐削减，而市场规模、基础设施、人力资源、产业配套和营商环境慢慢成为新的关键。外商投资基础性法律——《外商投资法》的出台正是在总结吸取外商投资实践经验的基础上，顺应时代发展的迫切需求，在法律层面更加全面地促进、保障和规范外商投资活动。

外商投资管理与我国改革开放互促互进，《外商投资法》的出台，是适应新时代改革开放的需要，也是新时代我国进一步对外开放新格局形成的体现。我国扩大对外开放和构建开放型经济体制的重要工作紧紧围绕着积极吸引和利用外商投资展开，健全的法律保障是最基本的要求。在40多年改革开放实践经验的基础上，《外商投资法》确立了新型外商投资法律制度的基本框架，确定了我国对外开放、促进外商投资的基本国策和大政方针，对外商投资的准入、促进、保护、管理等作出了统一规定，是我国外商投资领域新的基础性法律，是对我国外商投资法律制度的完善和创新。同时，《外商投资法》的制定，也是对党中央扩大对外开放、促进外商投资决策部署的落实。自党的十八大以来，以习近平同志为核心的党中央强调"中国开放的大门不会关闭，只会越开越大"，并对进一步对外开放、促进和吸引外商投资等领域作了一系列决策部署。在2017年的中央财经领导小组第十六次会议上，习近平总书记强调，"要加快统一内外资法律法规，制定新的外资基础性法律。要清理涉及外资相关的法律、法规、规章和政策文件……”。[①] 我国新发展理念中的创新发展注重的是解决发展内外联动的问题，而《外商投资法》的制定正是着眼于内外联动的增强，促进内外企业规则的统一，保障竞争的公平。

条文内容

第二条　在中华人民共和国境内（以下简称中国境内）的外商投资，适用本法。

本法所称外商投资，是指外国的自然人、企业或者其他组织（以下称外国投资者）直接或者间接在中国境内进行的投资活动，包括下列情形：

（一）外国投资者单独或者与其他投资者共同在中国境内设立外商投资企业；

（二）外国投资者取得中国境内企业的股份、股权、财产份额或者其他类似权益；

（三）外国投资者单独或者与其他投资者共同在中国境内投资新建项目；

（四）法律、行政法规或者国务院规定的其他方式的投资。

本法所称外商投资企业，是指全部或者部分由外国投资者投资，依照中国法律在中国境内经登记注册设立的企业。

---

① 《习近平：营造稳定公开透明的营商环境　加快建设开放型经济新体制》，载《人民日报》2017 年 7 月 18 日，第 1 版。

关联法律

《外商投资法实施条例》第三条　外商投资法第二条第二款第一项、第三项所称其他投资者，包括中国的自然人在内。

条文释义

本条规定了《外商投资法》的适用范围。第 1 款直接指出《外商投资法》的调整对象为中国境内的外商投资，第 2 款是对第 1 款所述的“外商投资”进行定义，并进一步列举了外商投资的形式。需要指出的是，第 2 款在对“外商投资”定义时并没有采用国际投资协定中惯常的资产定义法，而是沿用了以往外商投资立法的直观定义方法，采用列举加兜底的方式对“外商投资”进行范围的划定，该法定义的目的是让投资者能够清楚地知晓其投资行为是否要受本法调整。第 3 款则明确了外商投资企业的定义及性质。

在本法出台以前，原外资三法各自的第 1 条看似表明的是立法目的，但实质上也是对其法律调整对象的划定，即分别对中外合作企业、中外合资企业和外资企业的划定。① 之所以原外资三法的调整对象是外商企业,原因系原外资三法在特殊的立法背景下承担了企业组织法的功能,故此原外资三法也称三资企业法。随着我国改革的深化和开放的扩大,法制建设的进步,尤其是1993年《公司法》(而后又经过5次重要修改)、1997年《合伙企业法》(在2006年经历重要修订)的出台,已经承担起调整我国商业组织形式的功能,原外资三法将不同外商投资企业作为调整对象的规定已经不适应时代的需求。《外商投资法》是在总结原外资三法实践经验的基础上,结合相关国际条约中有关外商投资的规定,将调整的重点从"外商投资企业"转向了"外商投资"。

相较原外资三法仅规定了外国投资者设立外商投资企业的情形,《外商投资法》在本条第2款所列举的情形,除原有的新设之外,还增加了并购、投资新建项目和法律规定的其他方式投资等情形。需要注意的是,在投资法领域要区分直接投资与间接投资。直接投资是指投资者通过货币资金直接投入项目,获得实物资产或者获得现有企业的投资,投资者可以通过直接投资获取企业经营权和控制权。间接投资是指投资者购买公司债券、金融债券或者公司股票等,其并不获得经营权或者控制权。本款前3项列举的投资活动,明显强调了投资者参与经营的性质。故此,虽然定义中采用了"直接或者间接在中国境内进行的投资活动"这样的措

① 1988年原《中外合作经营企业法》第1条规定:"为了扩大对外经济合作和技术交流,促进外国的企业和其他经济组织或者个人(以下简称外国合作者)按照平等互利的原则,同中华人民共和国的企业或者其他经济组织(以下简称中国合作者)在中国境内共同举办中外合作经营企业(以下简称合作企业),特制定本法。"1979年原《中外合资经营企业法》第1条规定:"中华人民共和国为了扩大国际经济合作和技术交流,允许外国公司、企业和其它经济组织或个人(以下简称外国合营者),按照平等互利的原则,经中国政府批准,在中华人民共和国境内,同中国的公司、企业或其它经济组织(以下简称中国合营者)共同举办合营企业。"1986年原《外资企业法》第1条规定:"为了扩大对外经济合作和技术交流,促进中国国民经济的发展,中华人民共和国允许外国的企业和其他经济组织或者个人(以下简称外国投资者)在中国境内举办外资企业,保护外资企业的合法权益。"

辞,但《外商投资法》的调整对象仍应当理解为仅包含直接投资。不过外国投资者可以间接地参与直接投资活动。这实际为本条释义和解读文后面提到的VIE(Variable Interest Entities)投资形式预留了空间。排除间接投资的做法是国际通行的。目前大量存在的投资协定也是将间接投资排除在外,其目的正如本书第一章所提到的,防止投资者通过小股东股权投资(有的国家将低于10%的小股东投资认定为间接投资)或者其他证券投资等间接投资的方式获得外国投资者的诉讼地位,对东道国不厌其烦地恶意提起"轻浮之讼"。

第2款第4项是"限制性兜底条款",其既给今后《外商投资法》调整其他投资形式预留了空间,又将外商投资的定义限定在了"法律、行政法规或者国务院规定"中。换言之,如果法律、行政法规或者国务院规定没有将其他形式视为外商投资,就不能适用本法调整。

法律适用

此外,本条的准确适用需要进一步讨论3个问题:

第一,本条第2款第3项指的是外国投资者的再投资,那么外商投资企业的再投资,是否视为外商投资,即是否需要区别外国投资者的再投资与外商投资企业的再投资?外国投资者在中国设立的企业系具有中国国籍的企业组织,该外商投资企业的再投资本应该属于中国企业的投资,但是在实践中,为了防止外国投资者以外商投资企业再投资的形式规避管理措施,按以往的做法,即2000年商务部、国家工商行政管理总局《关于外商投资企业境内投资的暂行规定》(2015年修正)要求,外国投资者在中国境内设立的企业的再投资也被视为外商投资,并同等适用相关的法律或限制。因此,本次《外商投资法》关于再投资的定义,应当包含外商投资企业的再投资,国务院应当后续以行政法规的层级完善相关规定。

第二,港澳台地区投资、定居在国外的中国人在国内的投资是否能适用本法。从管理习惯的角度来看,行政机关在进行外商投资统计时,港澳台地区投资是包含在外商投资统计内的;从实践情况来看,我国内地(大陆)吸收的外来投资 70% ~80% 来自我国的港澳台地区;从法律的角度来看,港澳台地区属于特殊单独关税区,港澳同胞到内地投资、台湾同胞到大陆投资,不能直接认定为境内投资,其应属于特殊国内投资,国家对港澳台地区投资的管理和规范,一直适用特殊的政策,且已经在国务院行政法规、部门规章和相关文件中规定。《外商投资法实施条例》第 48 条规定也专门对此作出规定。针对港澳台地区在内地(大陆)的投资,《外商投资法》颁布后,全国人大常委会对《台湾同胞投资保护法》进行了相应修订,台湾同胞在大陆的投资自然适用《台湾同胞投资保护法》。根据《外商投资法实施条例》第 48 条规定,《台湾同胞投资保护法》及其实施细则未规定的事项,参照《外商投资法》及其实施条例执行。该条也规定,香港特别行政区、澳门特别行政区投资者在内地投资,参照《外商投资法》及其实施条例执行,法律、行政法规或者国务院另有规定的,从其规定。该条还规定定居在国外的中国公民在中国境内投资,参照《外商投资法》和本条例执行;法律、行政法规或者国务院另有规定的,从其规定。

第三,VIE 架构投资问题。VIE 框架投资通俗地讲,即外国投资者通过协议等非股权形式控制境内公司的投资安排。2015 年商务部公布的《外国投资法(草案征求意见稿)》第 11 条曾经规定,受非中国籍个人、境外注册实体及其他组织"控制的"境内企业同样被视同为外国投资者。而最终出台的《外商投资法》并无这方面的规定,导致这一问题在法律规定上仍悬而未决。考虑此种形式确有规避负面清单的风险,且本次立法为这一问题也预留了调整空间,故此笔者认为时机和理论成熟之时,这一被搁置的问题会有配套法规进行调整。笔者认为,《外国投资法(草案征求意见稿)》系经过多方专家论证,经商务部确认才对外公布的,该征求意见稿中关于 VIE 架构投资问题能够作为未来配套法规立法的参考。

例如,在"程某平诉上海纽鑫达进出口有限公司等股东资格确认纠纷案"(《最高人民法院公报》2023 年第 11 期)中,上海市第一中级人民法院二审认定,国内自然人能够与外国人成立外商投资企业。其理由是:《外商投资法》第 2 条明确规定,外商投资企业是指全部或者部分由外国投资者投资,依照中国法律在中国境内经登记注册设立的企业;《外商投资法实施条例》第 3 条进一步明确《外商投资法》第 2 条中的其他投资者,包括中国的自然人在内。

条文内容

第三条　国家坚持对外开放的基本国策,鼓励外国投资者依法在中国境内投资。

国家实行高水平投资自由化便利化政策,建立和完善外商投资促进机制,营造稳定、透明、可预期和公平竞争的市场环境。

关联法律

《优化营商环境条例》第六条　国家鼓励、支持、引导非公有制经济发展,激发非公有制经济活力和创造力。国家进一步扩大对外开放,积极促进外商投资,平等对待内资企业、外商投资企业等各类市场主体。

《公司法》第四十一条　公司登记机关应当优化公司登记办理流程,提高公司登记效率,加强信息化建设,推行网上办理等便捷方式,提升公司登记便利化水平。国务院市场监督管理部门根据本法和有关法律、行政法规的规定,制定公司登记注册的具体办法。

《促进发展的投资便利化协定》(第 13 届 WTO 部长级会议 2024 年 2 月 25 日通过)。这是全球首个多边投资协定,生效后将成为参加方在 WTO 框架下的国际条约义务。该协定共包括 7 个章节 45 个条款,主体规则包括提高投资措施的透明度和可预见性、简化和加快行政审批程序、促进可持续投资等。

《区域全面经济伙伴关系协定》(东盟十国以及中国、日本、韩国、澳大利亚、新西兰 15 个国家于 2020 年 11 月 15 日签署,2022 年 1 月 1 日正式生效)第十章

《鼓励外商投资产业目录(2022 年版)》(国家发展和改革委员会、商务部 2022 年 10 月 26 日发布,自 2023 年 1 月 1 日起施行)

国务院《关于进一步优化外商投资环境加大吸引外商投资力度的意见》(国发〔2023〕11 号)

国务院办公厅《关于印发〈扎实推进高水平对外开放更大力度吸引和利用外资行动方案〉的通知》(国办发〔2024〕9 号)

国务院印发《关于推进自由贸易试验区贸易投资便利化改革创新若干措施的通知》(国发〔2021〕12 号)

国家外汇管理局《关于进一步深化改革促进跨境贸易投资便利化的通知》(汇发〔2023〕28号)

商务部、中国人民银行《关于进一步支持外经贸企业扩大人民币跨境使用促进贸易投资便利化的通知》(商财函〔2023〕1号)

国务院《关于同意在沈阳等6个城市暂时调整实施有关行政法规和经国务院批准的部门规章规定的批复》(国函〔2024〕110号)

条文释义

本条是我国外商投资政策集中的立法体现。在这里,我国再次把"坚持对外开放的基本国策"写入法律条文。外商投资是参与中国式现代化建设、推动中国经济与世界经济共同繁荣发展的重要力量。坚持对外开放的基本国策,在外商投资领域坚持市场化、法治化、便利化的改革方向,是我国向全世界宣示将继续扩大对外开放的坚定立场。在外商投资领域,把对外开放政策和立法相结合,逐步把成熟的政策上升为法律,是我国新一轮对外开放背景下外商投资立法的重要特点之一。本条第1款宣示国家坚持对外开放国策的决心,同时也表明我国对外商投资热烈欢迎的态度。第2款是对第1款表明的决心的具体实施保障,阐释了确保外商投资自由化便利化的制度在营造良好营商环境中的地位,客观上也对外商投资的立法、执法、司法全过程提出了总体要求,充分彰显了国家进一步扩大对外开放、积极促进外商投资的信心。

本条是作为外商投资基础性法律的总结性条款，后续章节中条款是“高水平投资自由化便利化政策”的具体体现。

法律适用

《外商投资法》自2020年1月1日生效后，国家和各级政府持续推出有关高水平对外开放、稳步扩大规则、规制、管理、标准等，制度性开放和提升外商投资促进服务水平，完善外商投资管理体制，优化外商投资环境，促进国际投资自由化便利化，从法律层面上讲，这些本质上无一不是贯彻本条规定的产物。例如，国务院《关于进一步优化外商投资环境加大吸引外商投资力度的意见》（国发〔2023〕11号）和国务院办公厅《关于印发〈扎实推进高水平对外开放更大力度吸引和利用外资行动方案〉的通知》（国办发〔2024〕9号）就是全面落实本条规定的产物。以后者为例，该通知规定：(1)合理缩减外商投资准入负面清单。健全外商投资“准入前国民待遇+负面清单”管理制度，全面取消制造业领域外资准入限制措施，持续推进电信、医疗等领域扩大开放。(2)开展放宽科技创新领域外商投资准入试点。允许北京、上海、广东等自贸区选择若干符合条件的外商投资企业在基因诊断与治疗技术开发和应用等领域进行扩大开放试点。支持信息服务（限于应用商店）等领域开放举措在自贸区更好落地见效。(3)扩大银行保险领域外资金融机构准入。在保障安全、高效和稳定的前提下，支持符合条件的外资机构依法开展银行卡清算业务。深化商业养老保险、健康保险等行业开放，支持符合条件的境外专业保险机构在境内投资设立或参股保险机构。(4)拓展外资金融机构参与国内债券市场业务范围。优化外资金融机构参与境内资本市场有关程序，进一步便利外资金融机构参与中国债券市场。支持符合条件的外资金融机构按规定参与境内债券承销。研究稳妥推动更多符合条件的外资银行参与国债期货交易试点。(5)深入实施合格境外有限合伙人境内投资试点。扩大合格境外有限合伙人试点范围,规范合格境外有限合伙人管理企业及基金在注册资本、股东等方面的要求,拓宽基金可以投资的范围。完善私募投资基金服务业务管理办法,鼓励外商投资设立私募基金并依法开展各类投资活动。

条文内容

第四条　国家对外商投资实行准入前国民待遇加负面清单管理制度。

前款所称准入前国民待遇,是指在投资准入阶段给予外国投资者及其投资不低于本国投资者及其投资的待遇;所称负面清单,是指国家规定在特定领域对外商投资实施的准入特别管理措施。国家对负面清单之外的外商投资,给予国民待遇。

负面清单由国务院发布或者批准发布。

中华人民共和国缔结或者参加的国际条约、协定对外国投资者准入待遇有更优惠规定的,可以按照相关规定执行。

关联法律

《外商投资准入特别管理措施(负面清单)(2024年版)》(国家发展和改革委员会、商务部令第23号)

《对外关系法》第三十条　国家依照宪法和法律缔结或

者参加条约和协定,善意履行有关条约和协定规定的义务。国家缔结或者参加的条约和协定不得同宪法相抵触。

最高人民法院《关于适用〈中华人民共和国外商投资法〉若干问题的解释》(法释〔2019〕20号)第二条　对外商投资法第四条所指的外商投资准入负面清单之外的领域形成的投资合同,当事人以合同未经有关行政主管部门批准、登记为由主张合同无效或者未生效的,人民法院不予支持。前款规定的投资合同签订于外商投资法施行前,但人民法院在外商投资法施行时尚未作出生效裁判的,适用前款规定认定合同的效力。

最高人民法院《关于适用〈中华人民共和国外商投资法〉若干问题的解释》(法释〔2019〕20号)第三条　外国投资者投资外商投资准入负面清单规定禁止投资的领域,当事人主张投资合同无效的,人民法院应予支持。

最高人民法院《关于适用〈中华人民共和国外商投资法〉若干问题的解释》(法释〔2019〕20号)第四条　外国投资者投资外商投资准入负面清单规定限制投资的领域,当事人以违反限制性准入特别管理措施为由,主张投资合同无效的,人民法院应予支持。人民法院作出生效裁判前,当事人采取必要措施满足准入特别管理措施的要求,当事人主张前款规定的投资合同有效的,应予支持。

最高人民法院《关于适用〈中华人民共和国外商投资法〉若干问题的解释》(法释〔2019〕20号)第五条　在生效裁判

作出前,因外商投资准入负面清单调整,外国投资者投资不再属于禁止或者限制投资的领域,当事人主张投资合同有效的,人民法院应予支持。

条文释义

本条前半部分内容针对的是“准入前国民待遇 + 负面清单”管理制度,后半部分针对的是该法规定的“准入前国民待遇 + 负面清单”制度与有关国际投资协定规定的待遇之间的关系。

对外商投资实行“准入前国民待遇 + 负面清单”管理制度,这实际上是《外商投资法》的核心。该条明确规定了准入前国民待遇和负面清单,也明确了两者之间的关系,即国家对负面清单之外的外商投资,给予国民待遇。

可以从三个层面理解《外商投资法》及其实施条例对外商投资准入管理制度的改革。首先,从原则上指明,在外商投资准入负面清单禁止投资的领域,外国投资者不得投资;在外商投资准入负面清单限制投资的领域,投资应当符合规定的股权要求、高级管理人员要求等限制性准入特别管理措施。其次,《外商投资法》与《外商投资法实施条例》皆无专门条款授予商务部进行投资准入的审批或备案管理的权力,按照“法无授权即禁止”的公法原则,商务部自此不再享有此权力。最后,将对外商投资企业是否符合负面清单相关规定的监管权力分别赋予企业登记、行业许可、项目核准或备案等主管部门,即办理许可、企业登记注册等的主管部门,对不符合负面清单规定的外商投资不予办理相关程序;涉及固定资产投资项目核准的,不予办理相关核准事项;相关主管部门对外商投资准入负面清单的执行情况加强监督检查,对违背相关规定的外商投资企业按照《外商投资法》第36条的规定予以处理。自此,中国全境从整体上完成了"准入前国民待遇+负面清单"制度的改革,建立了便利的投资准入管理程序。

理解本条内容需要厘清两个问题:

(1)《外商投资法》与负面清单的关系

《外商投资法》采用了"准入前国民待遇+负面清单"的管理模式。所谓负面清单,通俗地讲,其是指对外商投资准入的特别管理措施汇总的清单或目录。负面清单在一定程度上反映了外商投资产业政策的内容,实际上起到了实施外商投资产业政策的作用。外商投资准入特别管理措施与《外商投资法》共同构成了与外商投资准入管理有关的规则和措施,其中《外商投资法》是相对稳定的,而外商投资准入特别管理措施目录应随着政策变动而随时调整。

从对已公布的《外商投资准入特别管理措施(负面清单)》的反馈来看,某些外国商会认为负面清单虽然可以提升透明度,但并没有扩大市场准入。① 这是误解了中国政府实施负面清单制度的用意。无论是在自贸区实施的负面清单还是在全国范围实施的负面清单,比照过去其逐年变短。譬如,2018年全国版负面清单长度由63条减至48条,在一、二、三产业全面放宽市场准入,涉及金融、交通运输、商贸流通、专业服务、制造、基础设施、能源、资源、农业等各领域,共推出22项重大开放措施,应该说外商可以自由进入的投资领域在扩大中。而且,《外商投资

---

① See U. S. - China Business Council, *China's New Nationwide Negative List: Improved Transparency, Not Market Access*, The US-China Business Council(March 13,2019), https://www.uschina.org/cmi/china%E2%80%99s-new-nationwide-negative-list-improved-transparency-not-market-access-march-13-2019.

法》实际上是授予国务院发布负面清单的权力(即便是有关部门起草的,也需要国务院同意批准才可以发布生效),这从机制上保障了负面清单的稳定性和严谨性。故此,关于“负面清单制度系歧视外资企业的工具与手段”的评论与事实不相符,是不公平、不客观的评价。

“准入前国民待遇+负面清单”管理制度,实际上确立了外商投资“原则自由,例外限制”的投资自由化原则,这意味着外资原则上可自由进入我国,例外情形下才受到限制或禁止,例外情形就是负面清单(也称特殊管理措施)规定的情形。这条规定体现了《外商投资法》确认的高水平开放和投资自由化政策。

本条规定是对2013年以来外商投资管理制度改革最重要成果的确认。在2013年7月中美第五轮战略与经济对话中,中国同意与美国进行投资协定的实质性谈判,该投资协定将对包括准入环节的投资的各个阶段提供国民待遇,并以“负面清单”模式为谈判基础。中方表示积极研究进一步主动扩大服务业开放的措施,包括建立上海自贸区试行新的外资管理模式,营造各类国内外企业平等准入的市场环境,并积极考虑在电子商务、商业保理等领域扩大开放。中方还承诺将逐步减少和下放外商投资核准事项,最大限度地缩小此类审批、核准范围。由于“准入前国民待遇+负面清单”模式与我国此前外商投资管理体制存在冲突,因此在当时外商投资管理体制修改之前,我国采用设置自贸试验区的方式探索改革路径,试点实施“准入前国民待遇+负面清单”模式。

2013年8月,全国人大常委会通过了《关于授权国务院在中国(上海)自由贸易试验区暂时调整有关法律规定的行政审批的决定》,授权国务院在上海自贸区内,对国家规定实施准入特别管理措施之外的外商投资,暂时调整原《外资企业法》、原《中外合资经营企业法》和原《中外合作经营企业法》规定的有关行政审批。该等行政审批调整主要为暂停实施相关事项的行政审批,改为备案管理。其试行期限为3年,对实践证明可行的，应当修改完善有关法律；对实践证明不宜调整的，恢复施行有关法律规定。2013 年 8 月 22 日，国务院正式批准设立上海自贸区。2013 年 9 月 18 日，国务院批准《中国（上海）自由贸易试验区总体方案》。2013 年 9 月 29 日，上海市政府公布了《中国（上海）自由贸易试验区管理办法》（市政府令第 7 号）。该办法第 11 条第 1 款、第 2 款规定，“自贸试验区实行外商投资准入前国民待遇，实施外商投资准入特别管理措施（负面清单）管理模式。对外商投资准入特别管理措施（负面清单）之外的领域，按照内外资一致的原则，将外商投资项目由核准制改为备案制，但国务院规定对国内投资项目保留核准的除外；将外商投资企业合同章程审批改为备案管理”。自此，我国进入试行“准入前国民待遇 + 负面清单”管理模式的阶段。

2013 年 11 月 12 日，中国共产党第十八届中央委员会第三次全体会议通过了《中共中央关于全面深化改革若干重大问题的决定》，提出实行统一的市场准入制度，在制定负面清单基础上，各类市场主体可依法平等进入清单之外领域，探索对外商投资实行“准入前国民待遇 + 负面清单”的管理模式。

2014 年 12 月 28 日，全国人大常委会通过《关于授权国务院在中国（广东）自由贸易试验区、中国（天津）自由贸易试验区、中国（福建）自由贸易试验区以及中国（上海）自由贸易试验区扩展区域暂时调整有关法律规定的行政审批的决定》，同样授权国务院在广东自贸区、天津自贸区、福建自贸区以及上海自贸区扩展区域内暂时调整原《外资企业法》《中外合资经营企业法》《中外合作经营企业法》规定的有关行政审批。此外，该决定还授权国务院在该自贸区调整《台湾同胞投资保护法》规定的有关行政审批，暂停实施台湾同胞投资企业设立审批，改为备案管理。上述行政审批调整试行期限依然为 3 年，对实践证明可行的，修改完善有关法律；对实践证明不宜调整的，恢复施行有关法律规定。设立自贸区、自贸港的目的之一就是以更开放的政策吸引外资，在自贸区、自贸港实行“准入前国民待遇 + 负面清单”制度就是这个政策的最重要部分。同时，作为先行先试的特殊经济区域，自贸区、自贸港的负面清单，最终会成为国务院制定全国范围内实施的负面清单制度的参照范本。

2017 年，国务院发布全国性的外商投资准入特别管理措施，这表明在自贸区开始试验的“准入前国民待遇 + 负面清单”制度开始在全国推广。需要说明的是，负面清单本身将是一个越来越短的过程。无论是自贸区的负面清单还是全国范围内的负面清单都在缩短中，清单越短，表明我国对外资越开放。但就同个特定时间点而言，在自贸区、自贸港将实行的负面清单比在全国范围实施的更短。

考虑可操作性，这个负面清单不适宜直接规定在《外商投资法》中，而是需要授权国务院随时可以按照我国对外作出的承诺和当时的开放局面批准和发布负面清单。我国在 2015 年以后的实践中也是这么做的。需要注意的是，该条规定只授权国务院批准和发布负面清单，“政出多门”的情形应可避免。

(2)《外商投资法》与国际投资协定的关系

《外商投资法》第 4 条内容一部分是关于“准入前国民待遇 + 负面清单”管理模式的，另一部分是关于在《外商投资法》与国际投资协定不一致时哪个优先的问题。对于“国家对外商投资实行准入前国民待遇加负面清单管理制度”的规定，社会各界普遍持支持态度，几乎没有争议。然而，关于《外商投资法》与我国缔结或者参加的国际条约、协定的关系，在立法过程中存在争议。[①] 对于该法一审后的文本规定的“中华人民共和国缔结或者参加的国际条约、协定对外国投资者待遇另有规定

① 参见郭丽琴：《外商投资法将二读，涉国际条约细节引争议》，载第一财经网站，https://www.yicai.com/news/100108900.html，最后访问日期：2025 年 5 月 10 日。

的,从其规定”的内容,有观点表示,该规定会给予外国投资者“在中国法院依条约挑战中国法”的机会,建议修改或删除这个表述。

其实,上述表述符合中国目前的立法与实践。而且考虑到迄今为止我国缔结或参加的国际条约、协定没有一个规定“准入前国民待遇＋负面清单”管理制度,也就是说,《外商投资法》规定的给予外商的待遇更优惠,实际上不太可能发生需要按照条约或协定给予较低待遇的可能性。

《外商投资法》第4条规定国家对外商投资实行“准入前国民待遇＋负面清单”管理制度;中华人民共和国缔结或者参加的国际条约、协定给予外国投资者更优惠待遇的,可按有关规定执行。这实际上是对在《外商投资法》与国际投资协定冲突时,按照“从优适用更优惠待遇原则”确定应该使用的规则。该规定与2023年全国人大常委会通过的《对外关系法》第30条规定并无抵触。

法律适用

《外商投资法》第4条第4款“中华人民共和国缔结或者参加的国际条约、协定对外国投资者准入待遇有更优惠规定的,可以按照相关规定执行”之规定,首先确定了“从优适用更优惠待遇原则”,这意味着中国缔结或者参加的国际条约、协定和未来的负面清单中哪个规定的外商投资待遇更优惠,就适用该待遇。这是一条有利于外国投资者和外商投资企业的条款,符合本法第3条确立的促进投资和扩大开放的政策要求。虽然第4条将“从国际条约”的规定限定于外国投资者待遇的事项上,但这条规定还涉及国际条约与国内法的关系的两个问题,即国际条约与国内法相抵触时哪个优先的问题以及国际条约的规定可否直接适用的问题。

在民商事领域,中国的立法及实践均存在条约与国内法相抵触时条约优先适用的情形。在法律方面,原《民法通则》第 142 条第 2 款规定,“中华人民共和国缔结或者参加的国际条约同中华人民共和国的民事法律有不同规定的,适用国际条约的规定,但中华人民共和国声明保留的条款除外”。同时,原《涉外经济合同法》(1985 年)第 6 条和《民事诉讼法》(2012 年,已被修改)第 260 条均规定了国际条约在相关事项上的优先于国内法适用。此外,原《继承法》、原《中外合资经营企业所得税法》和《专利法》等中的一些条款也为国际条约在中国国内司法体系中的直接适用提供了依据。但在公法性质的其他领域,并无类似规定。从《外商投资法》第 4 条这部分措辞来看,该规定回避了国际条约与国内法的规定相抵触时哪个优先的问题,秉承了在公法领域不作表态的一贯做法。

然而,该法既然规定了“从优适用更优惠待遇原则”,那么在国际条约待遇更优惠的情况下就适用该条约的相关规定,这等于间接承认条约规定可在国内直接适用,也就回答了有关国际条约与国内法关系的第二个问题。

这种表述方式对现行的相关国际条约并不会造成影响。作为“国际上新的高标准投资规则之一”,准入前国民待遇是当前东道国所能给予投资者的最优惠的待遇,在中国目前与 130 余个国家或地区签订的双边投资协定已签订的国际条约和 15 份中国签订的带有投资章节的自由贸易协定中,没有一个规定“准入前国民待调 + 负面清单”制度。这表明这种国际条约与国内法的冲突并不会导致条约有关条款规定的适用,而只会导致国内法规定的“准入前国民待遇 + 负面清单”的适用。但这种表述方式对中国未来缔结的投资协定及自由贸易协定投资条款会产生可能适用的后果。如果中国未来与某一国家签订一份含有负面清单的双边投资协定或自由贸易协定,且该协定里面的负面清单更简短,那么这份更开放的市场准入协议(负面清单)将符合《外商投资法》第4条第4款规定的"中华人民共和国缔结或者参加的国际条约、协定对外国投资者准入待遇"另有规定的情形,进而优先于全国统一负面清单被适用。

由于中国正处于全面开放的发展时期,在可预期的将来我们签订的投资条约也将越来越多采用"准入前国民待遇+负面清单"的模式。《外商投资法》第4条为中国将来与其他国家签订含有负面清单的双边投资协定或自由贸易协定埋下伏笔。

在"吴某好与如皋市金鼎置业有限公司等股东资格确认纠纷案"[(2021)最高法民申1074号](《最高人民法院公报》2023年第7期)中,裁判观点认为,外商投资企业股权变更登记行为不属于《外商投资法》第4条所称负面清单管理范围的,当事人以相关法律行为发生在《外商投资法》实施之前,主张变更登记应征得外商投资企业审批机关同意的,人民法院依照《外商投资法》规定的"给予国民待遇"和"内外资一致"的原则,不予支持。

在"程某平诉上海纽鑫达进出口有限公司等股东资格确认纠纷案"(《最高人民法院公报》2023年第11期)中,裁判观点认为:《外商投资法》对外商投资采取"准入前国民待遇+负面清单"管理模式。外籍隐名股东诉请确认股权并显名变更登记的,隐名股东除证明自己已实际投资,且具有被认可的股东身份外,如果该公司所从事领域不属于外商投资负面清单范围,人民法院可确认其变更为显名股东;如果该公司所从事领域属于负面清单内的限制类领域,还应征得外商投资主管机关的同意。

在"蔡某顺等诉晖鸿公司等合同纠纷案"(广东省高级人民法院发布20个服务保障粤港澳大湾区建设典型案例)中,惠州市中级人民法院一审认为,根据2020年1月1日起施行的《外商投资法》第4条的规定,国家对外商投资实行"准入前国民待遇+负面清单"管理制度。晖鸿公司虽系外商独资企业，但物业转让协议属于外商投资准入负面清单之外领域形成的投资合同，晖鸿公司、旋晖公司关于物业转让协议未经有关行政主管部门批准无效的主张不应支持，故判决物业转让协议合法有效，晖鸿公司应继续履行合同并承担相应的违约责任。其典型意义在于，人民法院依法认定外商投资准入负面清单之外领域形成的投资合同有效，判令违约当事人继续履行合同并承担违约责任。

在洛阳忠诚集团有限公司、洛阳忠祥新能源科技股份有限公司二审行政判决书［（2020）豫行终 2079 号］中，河南省高级人民法院认为：随着《中外合资经营企业法》等相关法律、法规的废止和《外商投资法》及其实施条例的施行，商务部门的法定职责已经逐渐变化。对于本案，河南省商务厅对忠诚集团、忠祥公司申请的事项已不具备审批、备案职责，故忠诚集团、忠祥公司要求确认河南省商务厅不履行法定职责的行为违法，缺乏法律依据。综上，河南省人民政府作出的豫政复决［2018］72－73 行政复议决定书，认定事实清楚，适用法律、法规正确，涉案复议决定及复议中止的相关文书均送达忠诚集团、忠祥公司，程序合法。忠诚集团、忠祥公司起诉的理由不能成立，依法不予支持。

条文内容

第五条　国家依法保护外国投资者在中国境内的投资、收益和其他合法权益。

关联法律

《宪法》第三十二条第一款　中华人民共和国保护在中国境内的外国人的合法权利和利益，在中国境内的外国人必须遵守中华人民共和国的法律。

《民法典》第二百零七条　国家、集体、私人的物权和其他权利人的物权受法律平等保护，任何组织或者个人不得侵犯。

条文释义

本条明确外商投资者的基本权利即合法权益受法律保护。此外，本条亦是我国对保护外商投资进行的表态，是一个总体性的单方承诺和自我要求。为了营造一个良好的投资环境，能进一步吸引和利用外资，国际投资法制度的发展潮流就是加强对外资的保护。我国有关外商投资类立法一直有体现对外资的保护，尤其是类似本法第5条的单方承诺，在早年的原外资三法中均有明确规定。例如，1988年的原《中外合作经营企业法》在第3条规定，国家依法保护合作企业和中外合作者的合法权益。1999年的原《中外合资经营企业法》第2条第1款规定，中国政府依法保护外国合营者按照经中国政府批准的协议、合同、章程在合营企业的投资、应分得的利润和其他合法权益；第3款规定，国家对合营企业不实行国有化和征收，在特殊情况下，根据社会公共利益的需要，对合营企业可以依照法律程序实行征收,并给予相应的补偿。1986 年的原《外资企业法》第 4 条规定,外国投资者在中国境内的投资、获得的利润和其他合法权益,受中国法律保护。

在《外商投资法》中,我国保护外国投资者合法权益的具体措施规定在后续第三章投资保护的相关规定中。当然,基于《外商投资法》的基本法地位,更细节和具体操作性的保护措施,会在配套的法律法规中进一步细化。

此外,近年来针对提升营商环境我国政府进行了全方位的努力。我国行政机关进行放权简政改革,综合联动,要求行政审批、行政许可等政务窗口部门落实“最多跑一次”等政策,这些利好的措施亦惠及外商投资者及外商投资企业,针对外资服务的条款在本法第 19 条也有专门强调。

法律适用

本条所提到的“合法权益”,列举了外商投资者在中国境内的投资本身,以及收益。笔者认为,这里的收益严格地说指的是在合法权益范畴内的获得,违反负面清单管理措施的投资收益,或者其他非法所得不受法律保护。

在郑州荣某某电能源有限公司、远地发展有限公司债权人代位权纠纷再审审查与审判监督民事裁定书[(2021)豫民申 601 号]中,河南省高级人民法院认为:《外商投资法》第 5 条规定,“国家依法保护外国投资者在中国境内的投资、收益和其他合法权益”;第 21 条规定,“外国投资者在中国境内的出资、利润、资本收益、资产处置所得、知识产权许可使用费、依法获得的补偿或者赔偿、清算所得等,可以依法以人民币或者外汇自由汇入、汇出”。远地公司本案诉请的投资红利及损失补偿系远地公司直接在中国境内投资应取得的合法利益,受《外商投资法》保护。

在招商银行股份有限公司上海金桥支行储蓄存款合同纠纷一审民事判决书[(2020)沪0115民初93607号]中,上海市浦东新区人民法院认为:依据《外商投资法》第5条关于“国家依法保护外国投资者在中国境内的投资、收益和其他合法权益”的规定,现上海住日公司已经注销,原告作为上海住日公司的股东,获得其所投资企业清算后,已分配的剩余财产权益,应当得到法律的充分保护。

条文内容

第六条　在中国境内进行投资活动的外国投资者、外商投资企业,应当遵守中国法律法规,不得危害中国国家安全、损害社会公共利益。

关联法律

《宪法》第十八条　中华人民共和国允许外国的企业和其他经济组织或者个人依照中华人民共和国法律的规定在中国投资,同中国的企业或者其他经济组织进行各种形式的经济合作。在中国境内的外国企业和其他外国经济组织以及中外合资经营的企业,都必须遵守中华人民共和国的法律。它们的合法的权利和利益受中华人民共和国法律的保护。

《宪法》第三十二条第一款 中华人民共和国保护在中国境内的外国人的合法权利和利益，在中国境内的外国人必须遵守中华人民共和国的法律。

《国家安全法》第十一条 中华人民共和国公民、一切国家机关和武装力量、各政党和各人民团体、企业事业组织和其他社会组织，都有维护国家安全的责任和义务。中国的主权和领土完整不容侵犯和分割。维护国家主权、统一和领土完整是包括港澳同胞和台湾同胞在内的全中国人民的共同义务。

《公司法》第二百六十二条 利用公司名义从事危害国家安全、社会公共利益的严重违法行为的，吊销营业执照。

条文释义

根据本条规定，外商投资者和外商投资企业的基本义务系在中国境内的投资活动应当遵守中国的法律法规，既包括实体法也包括程序法，当然还包括法律适用法；既要遵守高位阶的法律，上至《宪法》基本法，下至一般法，还要遵守行政管理性质的法规、规章和措施等。在法律法规等未能明确规定的领域，当然也要遵守公平公正、诚实信用等法律原则，对于损害国家安全和公共利益的行为更是明确规定不可为。

本条与《外商投资法》第5条相呼应，即权利与义务相一致，这也是国民待遇原则另一层意思的体现，内外一致也同样体现在义务的承担上。

法律适用

在外国投资者进行投资活动及外商投资企业设立、经营、退出的全过程中，外商投资者和外商投资企业均要遵守中国的法律法规，不得危害中国国家安全、损害社会公共利益。需要强调的是，本条暗含了企业社会责任的内容，社会公共利益可以认定为企业社会责任上的概念，均应当考虑承担企业的社会责任。当然外商投资企业责任承担的程度与国内企业的要求是一致的，不应加重外商投资企业的负担。

条文内容

第七条　国务院商务主管部门、投资主管部门按照职责分工，开展外商投资促进、保护和管理工作；国务院其他有关部门在各自职责范围内，负责外商投资促进、保护和管理的相关工作。

县级以上地方人民政府有关部门依照法律法规和本级人民政府确定的职责分工，开展外商投资促进、保护和管理工作。

关联法律

《国务院组织法》第六条　国务院行使宪法和有关法律规定的职权。

条文释义

本条明确了外商投资主管部门即国务院商务主管部门(商务部)和投资主管部门(国家发改委)。第1款是中央政府层级主管部门的明确,第2款是确定地方层级投资管理的主管部门即县级及以上地方人民政府。本条是一个大致的分工,只简单提及了外商投资需要有三方面的分工,即促进、保护和管理工作,而没有进行细致的分工规定,具体的工作分配可能需要配套实施的法律法规进行细化。本条规定和先前的原外资三法有明显的不同。本法主要是在总则部分有一个概述性的分工,虽然其没有明确细致的投资主管部门的分工,但已经有一个总体的确认。而原外资三法在外商投资企业设立部分出现了有关国家主管部门的规定,几乎没有提及主管其他外商投资事务的部门。例如,原《中外合作经营企业法》第5条规定,申请设立合作企业,应当将中外合作者签订的协议、合同、章程等文件报国务院对外经济贸易主管部门或者国务院授权的部门和地方政府审查批准。原《中外合资经营企业法》第3条规定,合营各方签订的合营协议、合同、章程,应报国家对外经济贸易主管部门(以下称审查批准机关)审查批准;审查批准机关应在3个月内决定批准或不批准;合营企业经批准后,向国家工商行政管理主管部门登记,领取营业执照,开始营业。

从《外商投资法》的立法进程看,《外国投资法(草案征求意见稿)》是由商务部发布的,而在该草案征求意见稿公布后不久,国家发改委也开始起草《外商投资法(草案)》,虽然这一草案仅在内部流通,并没有公布,但从实践的角度看,《外商投资准入特别管理措施(负面清单)》的制定就是以国家发改委为主,在中央和国务院同意后,由国家发改委和商务部共同发布的。实际中,外商投资的主管部门的职责是由这两个部门共同行使的。而在地方层面,较之原外资三法规定的原来只能由国务院或国务院授权省级人民政府管理外商投资,《外商投资法》改变了这一制度安排,直接明确赋予了县级以上人民政府在本辖区外商投资方面的管理职能,这成为县级以上人民政府实施外商投资管理的法律依据。

法律适用

在理解这一条时,需要明确:一是我国没有法律意义的外商投资主管部门,在中央层面,外商投资促进、保护和管理分别由商务主管部门和投资主管部门负责,主要是商务部和国家发改委负责。二是在中央层面,卫生健康、工信、文化等部门在各自的领域负责外商投资促进、保护和管理工作。这说明我国建立了一种以商务、投资主管部门为基础,以有关领域分管部门为支撑的相对分散的外商投资管理局面,外商投资管理责任相对分散,而这种分散的管理模式符合国际潮流,降低了二次审批和多头管理的制度成本,将对我国外商投资管理模式产生重大影响。三是进一步明确了县级以上人民政府的管理职责,改变了外商投资管理只能由国务院或国务院授权省级人民政府管理的制度安排,县级以上人民政府实施外商投资管理具有了合法依据。

条文内容

第八条　外商投资企业职工依法建立工会组织,开展工会活动,维护职工的合法权益。外商投资企业应当为本企业工会提供必要的活动条件。

关联法律

《工会法》第三条 在中国境内的企业、事业单位、机关、社会组织(以下统称用人单位)中以工资收入为主要生活来源的劳动者,不分民族、种族、性别、职业、宗教信仰、教育程度,都有依法参加和组织工会的权利。任何组织和个人不得阻挠和限制。工会适应企业组织形式、职工队伍结构、劳动关系、就业形态等方面的发展变化,依法维护劳动者参加和组织工会的权利。

《公司法》第十七条 公司职工依照《中华人民共和国工会法》组织工会,开展工会活动,维护职工合法权益。公司应当为本公司工会提供必要的活动条件。公司工会代表职工就职工的劳动报酬、工作时间、休息休假、劳动安全卫生和保险福利等事项依法与公司签订集体合同。公司依照宪法和有关法律的规定,建立健全以职工代表大会为基本形式的民主管理制度,通过职工代表大会或者其他形式,实行民主管理。公司研究决定改制、解散、申请破产以及经营方面的重大问题、制定重要的规章制度时,应当听取公司工会的意见,并通过职工代表大会或者其他形式听取职工的意见和建议。

条文释义

本条款是有关设立工会对劳动者进行保护的规定,其实质是企业社会责任中有关劳动者的保护,是对劳动者保护的强调。

企业社会责任的发展历史比较短,是一个新兴的概念,最早是在20世纪50年代才开始发展,所以不论是概念还是内容其都仍处于发展过程中,并没有一个清晰的概念界定,同时又随着社会经济的发展,企业社会责任的内容在不断地更新和扩充。企业社会责任的概念虽然并不明晰,但是存在的意义是明确的,其是为了连接商业和社会,意在企业运营和社会福利之间取得平衡。目前,国际社会的一大趋势就是将企业社会责任纳入国际投资仲裁协定,其通常是两种做法:一是明确将企业社会责任(比如人权、劳工保护和企业环保义务等)规定在投资协定中,并规定因投资协定任何条款出现争议,可以提交国际投资争端解决机构;二是东道国国内法中规定对跨国企业的环境保护和保障劳工权利的义务,同时在投资协定中规定外商投资者要遵循东道国的国内法。

法律适用

该条以法律的形式确立了在中国的外商投资企业职工建立工会的权利,从权利义务相对性角度来说,外商投资企业和外国投资者负有不得阻止职工建立工会的义务。性质为公司的外商投资企业在本条下的具体义务,按照“内外一致”原则,可直接适用《公司法》第17条规定决定。

第三章

投资促进

条文内容

第九条　外商投资企业依法平等适用国家支持企业发展的各项政策。

关联法律

《优化营商环境条例》第六条　国家鼓励、支持、引导非公有制经济发展,激发非公有制经济活力和创造力。国家进一步扩大对外开放,积极促进外商投资,平等对待内资企业、外商投资企业等各类市场主体。

《优化营商环境条例》第十条　国家坚持权利平等、机会平等、规则平等,保障各种所有制经济平等受到法律保护。

《优化营商环境条例》第二十条　国家持续放宽市场准入,并实行全国统一的市场准入负面清单制度。市场准入负面清单以外的领域,各类市场主体均可以依法平等进入。各地区、各部门不得另行制定市场准入性质的负面清单。

《外商投资法实施条例》第六条　政府及其有关部门在政府资金安排、土地供应、税费减免、资质许可、标准制定、项目申报、人力资源政策等方面,应当依法平等对待外商投资企业和内资企业。政府及其有关部门制定的支持企业发展的政策应当依法公开；对政策实施中需要由企业申请办理的事项，政府及其有关部门应当公开申请办理的条件、流程、时限等，并在审核中依法平等对待外商投资企业和内资企业。

国务院办公厅《关于印发〈扎实推进高水平对外开放更大力度吸引和利用外资行动方案〉的通知》（国办发〔2024〕9号）第（六）点　扩大鼓励外商投资产业目录和外资项目清单。全国鼓励外商投资产业目录加大对先进制造、高新技术、节能环保等领域的支持力度，中西部地区外商投资优势产业目录加大对基础制造、适用技术、民生消费等领域的支持力度。积极支持集成电路、生物医药、高端装备等领域外资项目纳入重大和重点外资项目清单，允许享受相应支持政策。

国务院办公厅《关于印发〈扎实推进高水平对外开放更大力度吸引和利用外资行动方案〉的通知》（国办发〔2024〕9号）第（七）点　落实税收支持政策。外商投资企业在中国境内再投资企业所投资的项目，符合鼓励外商投资产业目录等条件的，可按规定享受进口自用设备免征关税政策。落实境外投资者投资中国债券市场等金融市场相关税收优惠政策。

国务院办公厅《关于印发〈扎实推进高水平对外开放更大力度吸引和利用外资行动方案〉的通知》（国办发〔2024〕9号）第（八）点　加大金融支持力度。鼓励金融机构按照市场化原则为符合条件的外资项目提供优质金融服务和融资支持。支持符合条件的外商投资企业在境内发行人民币债券融资并用于境内投资项目。推进实施跨境贸易投资外汇管理便利化政策，持续提升外商投资企业外汇业务便利度。

国务院办公厅《关于印发〈扎实推进高水平对外开放更大力度吸引和利用外资行动方案〉的通知》（国办发〔2024〕9号）第（九）点　强化用能保障。完善能源消耗总量和强度调控，重点控制化石能源消费，落实原料用能和非化石能源消费不纳入能源消耗总量和强度控制等政策，一视同仁保障外资项目合理用能需求。加快推动绿证交易和跨省区绿电交易，更好满足外商投资企业绿电需求。

国务院办公厅《关于印发〈扎实推进高水平对外开放更大力度吸引和利用外资行动方案〉的通知》（国办发〔2024〕9号）第（十）点　支持中西部和东北地区承接产业转移。鼓励中西部和东北地区发挥地方比较优势，因地制宜制定降低制造业企业用地、用能、用工、物流等成本的政策措施。在中西部和东北地区规划整合重点开发区，与东部地区结对开展外商投资产业转移合作，建立健全项目推介、干部交流、收益共享的机制和实施细则。

条文释义

本条系《外商投资法》“投资促进”章节的第1条，起到了提纲挈领的作用，旨在“保障外商投资企业平等参与市场竞争”[1]。在对本法条进行解读时，应结合该章涉及的其他法条进行综合理解。本条主要体现了促进外商投资时的两个原则：一是平等对待内外资企业原则，二是依法依规原则。

“平等”是中国法律体系中一个基本性的理念，可见于各类法律。然而，从法理学的视角来看，“没有什么能够像平等那样错综复杂”（萨托利）。[2] 从《外商投资法》的立法目的以及目前所涉及的法条来看，该法所涉及的“平等”的概念，是指外商投资企业与国内其他企业享有实质的平等权利，而非在各方面完全相同的对待。这就解释了为何本法的多个条款，比如为外商提供法律政策咨询服务的条款（第 11 条）、在特定地区采取针对外商投资试验性政策的条款（第 13 条）、外商优惠待遇条款（第 14 条）、授权制定外商便利化措施的条款（第 18 条）、外商便利服务条款（第 19 条）等在形式上看似内商外商区别对待，却从实质上更加符合平等原则的要求。由于外商投资者在地缘、语言、获取信息渠道等方面与国内投资者的差异，这些仅为外商投资者提供而不适用于国内投资者的优惠措施，从实质上保证了外商获取信息渠道的通畅以及法律维权的高效性，从而有利于推进外商投资者平等有效适用各项法律权利，使外商投资者与国内投资者在实质层面处于平等的竞争地位。

《外商投资法》最终文本相较此前一审稿的相应条款[3]，更加强调“依法”二字，这是对“依法依规”原则的强调，是对内外资企业一视同

---

① 《关于〈中华人民共和国外商投资法（草案）〉的说明——2019 年 3 月 8 日在第十三届全国人民代表大会第二次会议上》，载中国政府网，http://www.gov.cn/xinwen/2019-03/09/content_5372190.htm。

② 参见王海明：《公正、平等、人道：社会治理的道德体系》，北京大学出版社 2000 年版，第 85 页。

③ 2018 年 12 月 26 日公布的《外商投资法（草案）》第 9 条规定，“除法律、行政法规另有规定外，国家支持企业发展的各项政策同等适用于外商投资企业”。

仁、平等对待的法律保障。《外商投资法》作为新时代的外商投资基本法,可谓“依法治国”原则在实践层面的深层体现。本条更加体现我国对政府的自我约束和规范,不仅管理外商投资要依法,外商投资企业享受国家支持企业发展的各项政策也要依法,这与本法第14条优惠政策权限法定体现的法治思想也是一脉相承的。

法律适用

例如,为了推动可持续的绿色发展,国家曾推出促进新能源汽车产业发展的补贴政策,消费者购买新能源车,可以享受免征购置税补贴。根据《外商投资法》第8条的规定,生产新能源车的外商投资企业,即使是100%外资所有的新能源车企业也同等享有包括新能源车的免征购置税补贴等国内企业享有的政策。又如,国家和各级人民政府都采取了支持开展科技创新的政策。再如,为符合资质的市场主体提供创新资金资助,允许其依法使用大型科研仪器、国家重大科技计划项目的科技报告和相关数据;鼓励和支持市场主体申报承担国家科技任务,参与国家重大科技计划项目等。而这些政策要求必须同样适用于外商投资企业。

条文内容

第十条　制定与外商投资有关的法律、法规、规章,应当采取适当方式征求外商投资企业的意见和建议。

与外商投资有关的规范性文件、裁判文书等,应当依法及时公布。

关联法律

《立法法》第七十四条　行政法规由国务院有关部门或者国务院法制机构具体负责起草，重要行政管理的法律、行政法规草案由国务院法制机构组织起草。行政法规在起草过程中，应当广泛听取有关机关、组织、人民代表大会代表和社会公众的意见。听取意见可以采取座谈会、论证会、听证会等多种形式。行政法规草案应当向社会公布，征求意见，但是经国务院决定不公布的除外。

《外商投资法实施条例》第七条　制定与外商投资有关的行政法规、规章、规范性文件，或者政府及其有关部门起草与外商投资有关的法律、地方性法规，应当根据实际情况，采取书面征求意见以及召开座谈会、论证会、听证会等多种形式，听取外商投资企业和有关商会、协会等方面的意见和建议；对反映集中或者涉及外商投资企业重大权利义务问题的意见和建议，应当通过适当方式反馈采纳的情况。与外商投资有关的规范性文件应当依法及时公布，未经公布的不得作为行政管理依据。与外商投资企业生产经营活动密切相关的规范性文件，应当结合实际，合理确定公布到施行之间的时间。

《政府信息公开条例》第二十条　行政机关应当依照本

条例第十九条的规定，主动公开本行政机关的下列政府信息：

(一)行政法规、规章和规范性文件；

……

条文释义

本条旨在提高外商政策的透明度，[①]一方面，为切实把握外商投资企业在投资活动中的阻碍，提高立法质量和效果；另一方面，为让外商投资企业有效地了解政策，以征求意见的方式达到沟通交流之目的。本条第1款确立了相关立法征求外商意见的制度，强调了向外商征求意见时要“采取适当方式”，这保障了外商投资企业提出意见的可行性和便利性。

在《外商投资法》通过之前，我国便已经开始逐渐落实相关立法征求外商意见这一制度。国务院推进政府职能转变和“放管服”改革协调小组优化营商环境专题组曾于2018年10月29日召开第三次全体会议暨优化营商环境专题座谈会。国务院办公厅、优化营商环境专题组各成员单位有关负责同志，国家发改委法规司、办公厅、投资司、外资司、高技术司、财金司、价格司有关负责同志，以及全国工商联、中国贸促会有关负责同志，驻华商会、外资企业、民营企业代表共50余人参加会议。会

① 参见《关于〈中华人民共和国外商投资法(草案)〉的说明——2019年3月8日在第十三届全国人民代表大会第二次会议上》，载中国政府网，http://www.gov.cn/xinwen/2019-03/09/content_5372190.htm。

议围绕市场主体关心关注的市场准入、产权保护、融资贷款、投资贸易便利化、政务服务、政策公开透明等,听取全国工商联、中国贸促会、中国美国商会、中国欧盟商会、英中贸易协会、中国日本商会以及外资企业、民营企业的意见建议。① 从上述参与会议的人员构成可以看出,在实施相关立法的意见征求制度时,既会向外资企业代表进行直接的意见征求,也会向涉及外资的商会、行业协会进行间接的意见征求。这从制度上保障了向外商征求意见时外商参与面的广泛性。

除传统的以召开洽谈协商会议的方式征求意见外,相关部门也已经开始开展通过网络媒介征求意见的方式征求意见。《外商投资法》的制定过程就是一个很好的实例。《外商投资法(草案)》于2018年12月23日提请第十三届全国人大常委会第七次会议审议。全国人大常委会组成人员于26日分组审议了这部法律草案。此后,该草案于2018年12月26日在中国人大网公布,向社会公开征求意见,征求意见截止日期为2019年2月24日。《外商投资法(草案)》在中国人大网公布后,社会公众可以直接登录中国人大网提出意见,也可以将意见寄送全国人大常委会法制工作委员会。前段所述的“社会公众”不仅包括中国国内的各企业、个人,也包括外商。网络征求意见未对外资企业中相关人员的登记及意见提交设立任何有别于内商的限制。

网络征求意见的推广为向外商广泛征求意见工作的开展提供了良好的平台,外商不必再受地理位置、交通等条件限制,可以更加方便地表达自己对于相关立法及政策制定的意见及建议。

此外,从学界通说的角度而言,规范性文件有广义和狭义之分。

---

① 参见《对内外资企业要一视同仁、平等对待——国务院推进政府职能转变和“放管服”改革协调小组优化营商环境专题组召开第三次全体会议暨优化营商环境专题座谈会》,载国家发展和改革委员会官网,https://www.ndrc.gov.cn/xwdt/xwfb/201810/t20181030_954339.html。

广义的规范性文件是指属于法律范畴,即宪法、法律、行政法规、地方性法规、自治条例、单行条例、国务院部门规章和地方性政府规章的立法性文件和除此之外的由国家机关和其他团体、组织制定的具有约束力的立法性文件的总和。狭义的规范性文件是指法律范畴以外的其他具有约束力的非立法性文件。例如,各级党组织、各级人民政府及其所属工作部门、人民团体、社团组织、企事业单位等制定的文件。目前,我国的正式法律性文件,包括国家法律法规、地方法规、司法解释、中外条约在中国法院网[①]上可以检索查询,而其他规范性文件则可依信息公开制度公布。

信息公开,是指国家行政机关和法律、法规以及规章授权和委托的组织,在行使国家行政管理职权的过程中,通过法定形式和程序,主动将政府信息向社会公众或依申请而向特定的个人或组织公开的制度。[②]

在立法层面,《政府信息公开条例》于2007年1月17日经国务院第165次常务会议通过,自2008年5月1日起施行。《政府信息公开条例》从基本原则、公开的范围、公开的方式和程序、监督和保障等方面进行明确的规定,是我国政府信息公开的基本法规,也是一部政府加强依法行政的重要行政法规,旨在加强对行政权力的公众监督。

2009年,最高人民法院出台了《关于司法公开的六项规定》,旨在进一步落实公开审判的宪法原则,扩大司法公开范围,保障人民群众对人民法院工作的知情权、参与权、表达权和监督权,促进司法公正。司法公开包括立案公开、庭审公开、执行公开、听证公开、文书公开和审务公开6项要求。2013年,为贯彻党的十八届三中全会精神,进一步深化司法公开,最高人民法院印发《关于推进司法公开三大平台建设的若干意

① 中国法院网网址:http://www.chinacourt.org。

② 刘恒等:《政府信息公开制度》,中国社会科学出版社2004年版,第12页。

见》的通知,要求全面推进审判流程公开、裁判文书公开、执行信息公开三大平台建设,以增进公众对司法的了解、信赖和监督。2014 年 1 月 1 日起实施的最高人民法院《关于人民法院在互联网公布裁判文书的规定》对于司法公开的信息化具有里程碑式的意义。2018 年 11 月,最高人民法院印发《关于进一步深化司法公开的意见》,对进一步深化司法公开工作,推动开放、动态、透明、便民的阳光司法机制更加成熟定型,提出 31 条具体举措。该意见指出,党的十八大以来,人民法院推进司法公开的深度和广度,开放、动态、透明、便民的阳光司法机制基本形成,党的十九大对司法公开提出了新的更高要求,在不断拓展司法公开的广度和深度的同时,健全完善司法公开制度机制体系,优化升级司法公开平台载体,大幅提升司法公开精细化、规范化、信息化水平,形成全面深化司法公开新格局,促进实现审判体系和审判能力现代化,大力弘扬社会主义核心价值观,促进增强全民法治意识,讲好中国法治故事,传播中国法治声音。在该意见的指导下,我国法院把握坚持主动公开、依法公开、及时公开、全面公开、实质公开 5 项原则,并从进一步深化司法公开的内容和范围、完善和规范司法公开程序、加强司法公开平台载体建设管理、强化组织保障四个方面提出具体要求。其具体内容为:一是进一步深化人民法院基本情况、审判执行、诉讼服务、司法改革、司法行政事务、国际司法交流合作、队伍建设等方面信息公开,建立完善司法公开内容动态调整制度,推进司法公开规范化标准化建设,全方位拓展司法公开范围。二是健全司法公开形式,畅通当事人和律师获取司法信息渠道,明确司法公开责任主体,完善司法公开流程管理机制,确保司法公开规范有序推进。三是加强人民法院白皮书工作,加强人民法院政务网站建设管理,深化司法公开四大平台建设,发挥现代信息技术作用,增强司法公开平台服务群众和对外宣传功能,加强与新闻媒体良性互动,加强法院自有媒体建设和新闻宣传工作,巩固拓展司法公开平台载体,促进规范管理与功能优化。四是落实司法公开工作责任制,完善评估督导和示范引领机制,加强业务培训和调查研究,健全监督体系,加强法治宣传教育,以有力的组织保障提升司法公开效果。① 再结合本书对总则第3条释义和解读部分提及的司法公开文件,可见我国法院系统正在逐步落实为构建法治化营商环境提供司法保障。我国当前的法律体系及法治环境已经为《外商投资法》第10条第2款的执行奠定了良好的基础。

法律适用

在实践层面,国家按照“公开为原则,不公开为例外”的基本要求,大力推行政务公开工作。电子政务是信息公开的重要载体。按照“统筹规划、资源共享、面向公众、保障安全”的要求,在加强电子政务建设的同时,构建网上信息公开平台。

如果说《外商投资法》第10条第1款的规定间接达到了提高透明度的目的,那么第2款则以主动公开的方式,保障了透明度。政策法规的信息公开以及司法公开是我国法治化营商环境构建最重要的组成部分,不论是对内资还是外资,这两项公开均已经开始实施,本款再次强调了对外商企业的公开,再次从具体措施层面回应了本法总则第3条之规定。依据本法第10条第2款的规定,依法公开的内容包含与外商投资有关的规范性文件、裁判文书等。其中,规范性文件的内涵和外延,以及由于“等”字而产生的延伸,应当解释为与内外一致公平对待,公开的内容还应当包含其他政府信息公开范畴及逐渐落实的庭审过程公开、审判

① 参见《最高人民法院出台进一步深化司法公开的意见》,载最高人民法院官网2018年11月22日,http://www.court.gov.cn/zixun/xiangqing/131581.html。

流程公开等,此处不再一一列举。当然,我国法治化营商环境及司法环境不断提升,相关需要公开的内容也在不断扩大和细化,后续的法律法规或司法解释如果无特殊规定,应当均予以公开。值得注意的是,该条款在法律用语上采用“应当依法及时公布”,这表达了涉外规范性文件及司法信息公开的主动性。在今后实施该法的过程中,相关机构将采取积极的措施对相关内容依法公开。例如,最高人民法院《关于人民法院在互联网公布裁判文书的规定》第 8 条已明确规定,在裁判文书生效后 7 日内要在中国裁判文书网(http://wenshu.court.gov.cn/)公布。

例如,为贯彻落实《外商投资法》及其实施条例相关要求,加大保护外商投资合法权益的力度,及时有效处理外商投资企业或其投资者反映的问题,完善外商投资企业投诉工作机制,商务部对《商务部外商投资企业投诉工作暂行办法》进行了修订,形成了《外商投资企业投诉工作办法(征求意见稿)》。在该部门规章颁布前,商务部于 2020 年 3 月就该稿向社会公开征求意见建议,公众可通过登录指定网站、电子邮件、传真或信函的形式提出意见和建议。又如,为进一步加强行政许可过程中的商业秘密和保密商务信息保护工作,切实维护市场主体的合法权益,司法部起草了《关于强化行政许可过程中商业秘密和保密商务信息保护的指导意见(征求意见稿)》,于 2020 年 8 月向社会公开征求意见,公众可以通过登录指定网站、信函和电子邮件等途径反馈意见。

再如,为贯彻落实国务院《关于进一步优化外商投资环境加大吸引外商投资力度的意见》(国发〔2023〕11 号),进一步提高广东省利用外资质量水平,广东省商务厅 2023 年起草了《广东省进一步优化外商投资环境更大力度吸引和利用外资若干政策措施(征求意见稿)》于 2023 年 10 月就该稿向社会公开征求意见建议,公众可通过信函或电子邮件形式提出意见和建议。

条文内容

第十一条　国家建立健全外商投资服务体系，为外国投资者和外商投资企业提供法律法规、政策措施、投资项目信息等方面的咨询和服务。

关联法律

《外商投资法实施条例》第五条　国务院商务主管部门、投资主管部门以及其他有关部门按照职责分工，密切配合、相互协作，共同做好外商投资促进、保护和管理工作。县级以上地方人民政府应当加强对外商投资促进、保护和管理工作的组织领导，支持、督促有关部门依照法律法规和职责分工开展外商投资促进、保护和管理工作，及时协调、解决外商投资促进、保护和管理工作中的重大问题。

《外商投资法实施条例》第八条　各级人民政府应当按照政府主导、多方参与的原则，建立健全外商投资服务体系，不断提升外商投资服务能力和水平。

国务院《关于进一步优化外商投资环境加大吸引外商投资力度的意见》（国发〔2023〕11号）第（九）点　健全外商投资权益保护机制。完善国际投资争端应对工作机制，压实主体责任，强化争端预防，妥善处理国际投资争端。坚决打击通过网络发布、传播虚假不实和侵权信息等侵害外商投资合法权益的恶意炒作行为，依法严肃查处相关责任机构和责任人。建立健全省级外商投资企业投诉协调工作机制，推动解决涉及多部门事项或政策性、制度性问题。

国务院《关于进一步优化外商投资环境加大吸引外商投资力度的意见》（国发〔2023〕11号）第（十六）点　完善外商投资企业服务保障。建立健全外商投资企业圆桌会议制度。各级重大和重点外资项目工作专班建立健全联动协调机制，及时协调解决项目签约、建设、投产中遇到的困难和问题。做好自由贸易协定原产地证书签证工作，为外商投资企业享受关税减免政策提供便利。

国务院《关于进一步优化外商投资环境加大吸引外商投资力度的意见》（国发〔2023〕11号）第（二十一）点　健全引资工作机制。开展“投资中国年”系列活动，持续打造“投资中国”品牌，建立健全工作机制，指导服务地方开展外商投资促进工作。鼓励有条件的地区与相关国家或地区建立投资促进合作机制，采取多种形式构建投资促进平台。鼓励各地区探索对外商投资促进部门和团队的非公务员、非事业编制岗位实行更加有效灵活的用人机制和薪酬制度，通过跨地区跨层级跨部门调剂等方式，加强外商投资促进人员配备，加快建立多元化外商投资促进工作体系，推动形成政府、引资机构、商协会、中介机构、产业链龙头企业等多方参与、灵活高效的外商投资促进协调联动机制。

国务院《关于进一步优化外商投资环境加大吸引外商投资力度的意见》(国发〔2023〕11号)第(二十二)点　便利境外投资促进工作。支持各地区投资促进团组常态化赴境外开展招商引资、参会参展等活动,邀请外商来华投资洽谈。对重大和重点外资项目,按工作需要为项目相关外方人员签发多次往返商务签证。

国务院《关于进一步优化外商投资环境加大吸引外商投资力度的意见》(国发〔2023〕11号)第(二十三)点　拓展外商投资促进渠道。加强我使领馆与驻在国家或地区重点企业的联系,宣介中国投资机遇。支持各地区加强与商务部、中国贸促会驻外经贸和投资促进机构的沟通,更好发挥本地区设立在境外的投资促进机构(代表处)作用,强化与境外经贸和投资促进机构的联系合作。

国务院《关于进一步优化外商投资环境加大吸引外商投资力度的意见》(国发〔2023〕11号)第(二十四)点　优化外商投资促进评价。建立健全外商投资促进成效评价体系,注重引资对经济社会发展的实际贡献,防止简单以引资规模和实际到资金额统计数据作为考核和相关企业、人员奖惩的依据,切实防止外商投资促进"注水"造假和恶性竞争行为。

国务院办公厅《关于印发〈扎实推进高水平对外开放更大力度吸引和利用外资行动方案〉的通知》(国办发〔2024〕9号)

条文释义

本条是立法者意图“加强外商投资服务”的具体体现。[①] 就我国目前的实践来看,“为外国投资者和外商投资企业提供法律法规、政策措施、投资项目信息等方面的咨询和服务”是外商投资服务的核心内容。

这个外商服务体系的服务模式可以概括为以“投资促进机构为主,其他机构为辅”。目前,中国32个省级地区,大部分的市、县级市成立了独立的投资促进机构,部分地区在国外还设立了办事处。中国的投资促进机构经历了从无到有、从少到多、从完全依靠政府扶持到逐步自主发展,从最初提供低层次的投资项目审批手续代理到高层次多样化的专业投资服务,从单纯依靠优惠政策吸引外资到致力优化并全面营销地区投资环境,由过去宽范围、全领域的引资到锁定目标区域、目标产业的专业化招商,从只局限于本地区小范围的投资促进活动到初步建立全国投资促进网络化工作体系的过程。

我国投资促进机构的层级设置分为国家、省级和市县3个层级,以下作简要介绍。

在国家层面,最主要的4个投资促进机构如下:(1)2003年年初成立的商务部投资促进事务局。投资促进事务局属于商务部领导下的事业单位。它的成立是在国家层次上实现了投资促进机构由政府模式向准政府模式的转变。商务部成立这个专门机构,实际上是把投资促进的执行职能和战略规划职能分离开来,政府机构职能向宏观规划转型,而

---

① 参见《关于〈中华人民共和国外商投资法(草案)〉的说明——2019年3月8日在第十三届全国人民代表大会第二次会议上》,载中国政府网,http://www.gov.cn/xinwen/2019-03/09/content_5372190.htm。

投资促进机构则向事业型、专业化的方向发展。具体来讲，目前商务部外国投资管理司内部的投资促进处主要负责研究、拟定和下发全国投资促进战略和年度投资促进工作指导意见等战略规划层面的工作，而商务部投资促进事务局则负责投资促进的执行工作。2005 年 10 月，投资促进局增设对外投资合作部，其业务内容由单向投资促进拓展为包括为吸引外资与对外投资在内的双向投资促进，这标志着中国投资促进事业进一步走向专业化、国际化。(2)中国国际投资促进会(以下简称投促会)。投促会是经国务院批准成立，由商务部主管的、在民政部登记注册的具有独立法人地位的全国性投资促进机构。其宗旨是：根据中国的经贸战略，充分发挥社团组织的作用，整合全国的投资促进资源和力量，建立全国性的经贸投资促进平台；促进中国参与区域经济一体化战略的实施，实施中国政府制定的投资促进战略；协助各级政府改善投资环境、扩大对外宣传，提高吸收外商投资的质量；推广多元化投资促进产品，为促进外商来中国投资和中国企业到海外投资、参与国际经济技术合作提供有效服务；实现资源共享，协调发展，为繁荣经济、促进社会进步服务。(3)中国产业海外发展协会。中国产业海外发展协会是经中华人民共和国民政部批准登记注册的，具有社团法人资格的全国性非营利性社会团体，成立于 2004 年 12 月 10 日。协会业务主管部门为国家发改委，并在其指导下，开展有关中国企业境外投资与发展的服务工作。协会积极贯彻落实"走出去"战略，发挥政府与企业之间桥梁、纽带作用，为中国企业在境外发展提供全方位服务。中国产业海外发展和规划协会是专职从事对外投资促进的准政府型投资促进机构。(4)全国投资促进机构联席会议制度。2002 年建立了全国的投资促进机构联席会议制度。这个制度实际上就是要充分发挥所有联席会议成员单位的作用，强调成员之间的合作和协作，强调成员之间能够形成合力，共同积极拓展双向投资促进工作。

除以上 4 个主要的投资促进机构,在国家层级的投资促进机构还包括如下一些机构:(1)双边投资促进机构。例如中国 – 新加坡双方投资促进委员会,该委员会成立于 2006 年 5 月,目的是进一步促进中国和新加坡的相互投资,推动两国经贸合作关系的发展,同时也促进双方投资信息咨询服务平台的创建。(2)中国驻外国大使馆经济商务参赞处。驻外经济商务参赞处是中国商务部派驻该国的代表机构,是中国驻该国大使馆的组成部分。这些机构除了联系与驻在国政府有关部门、经贸机构、民间组织和社会各界宣传中国经贸方针、政策等职能,还包括为扩大双边贸易、投资、劳务、技术等合作牵线搭桥,协助国内有关部门、地方政府、企业和行业组织在该国开展经贸活动提供咨询和服务。自《外商投资法》通过以来,我国境内外投资服务机构已经开始逐步践行服务外商的宗旨。例如,2019 年 3 月 27 日,中国驻英国使馆举办《外商投资法》对外宣讲会。

在省级层面,目前中国省级投资促进机构的组织模式有政府型和准政府型两种。各省级行政区都成立了投资促进机构,其中多数归口商务厅(委员会)或外经贸厅(委员会)管理,另有一些由发改委管理或者由省(直辖市、自治区)政府直接领导。

就市县基层的投资促进机构设置状况而言,目前全国地市以及县区一级大部分都成立了投资促进机构,这些机构也都采用了政府型或准政府型的组织模式。其设置情况与省级投资促进机构的情况类似,一部分投资促进机构成为招商局或投资促进局,归市县政府直接领导,另一部分则设立在商务部门(外经贸部门)或发改委的内部。

除上述投资促进机构外,外商还可通过一些企业投资服务中心、商务委员会、企业协会等获得投资咨询服务。目前,由商务部投资促进事务局运营的“中国投资指南网”(fdi. mofcom. gov. cn)已经在专门的投促机构板块,对境内外提供在华外商投资服务机构的地址、联系方式等信息进行了分类整理和集中公布，此处就不再一一列举。① 外商可以根据其需要与相应机构取得联系。

法律适用

为落实《外商投资法》第 11 条提出的“建立健全外商投资服务体系”的要求，国家持续出台相关政策，在目前基础上加大对投资服务机构的支持。在提供投资服务方面，除了大力建设相关投资服务机构，我国政府还逐渐开始加大通过网络提供投资服务的发展力度。目前最具影响力的中国投资指南网是我国公共商务信息服务体系的重要组成部分，是中国政府发布外商投资相关法律法规解答、投资政策、推进政务公开、公布最新国内外投资动态的官方投资类门户网站。具体而言，中国投资指南网涵盖了经济新闻、法律法规服务、数据服务、项目服务、投资环境、品牌活动、投资服务机构、经济开发区这 8 个板块。以上内容既囊括了外商对于政策服务的需求，也兼顾了外商对于项目实践服务的需求。在法律法规服务板块中，该网既提供了法律数据库检索引擎，也将与外商投资相关的法律按照综合类政策法规（宪法、基本法律、司法解释）、引进来政策法规（外资三法、投资导向、税收、工商、外汇、金融、高新技术、海关、进出口、环境保护、知识产权、土地管理、劳动保障、港澳台地区）、走出去政策法规（业务管理、金融、财税、外汇管理、通关商检、国别产业、权益保障）以及国际规则（中外双边协定、国际通行规则）进行了分类，大大方便了外商在线进行法律法规查询。《外商投资法》及其实施条

① 中国投资指南网公布的投资服务机构联系方式既包括境内投资服务机构，也包括境外投资服务机构。

例、《外商投资信息报告办法》和《外商投资安全审查办法》、《外商投资企业投诉工作办法》等全部被中国投资指南网法律法规服务板块收录。除当前已生效法律外，该板块还收录了已经废止的法律法规以及其他一些零散的法律法规供外商进行参考。

条文内容

第十二条　国家与其他国家和地区、国际组织建立多边、双边投资促进合作机制，加强投资领域的国际交流与合作。

关联法律

《促进发展的投资便利化协定》、《亚洲基础设施投资银行协定》、中国已签订的130多个双边投资协定、《区域全面经济伙伴关系协定》等具有投资章节的自由贸易协定。

条文释义

本条款旨在“加强投资领域的国际交流与合作”，其方式主要为“国家与其他国家和地区、国际组织建立多边、双边投资促进合作机制”。

目前，我国已在多边、区域和双边层面与世界各国广泛建立了合作机制。在多边层面即世界贸易组织框架内中国倡议并促成的《促进发展的投资便利化协定》,虽然其不是一个纯粹的投资促进的协定,但无疑可以起到投资促进的效果。同样,中国倡议建立的亚洲基础设施投资银行也具有投资促进的效果。

在区域层面,中国与东南亚国家联盟各国以及日本、韩国、澳大利亚、新西兰达成的《区域全面经济伙伴关系协定》设有投资专章,包含了多个投资促进条款,发挥了投资促进的作用。在双边层面,中国与130多个国家缔结的双边投资协定和包含投资内容的自贸协定,都设有投资促进的条款,发挥着投资促进的作用。

法律适用

本条系投资促进的指导性条款之一,其明确了与其他国家和地区、国际组织建立多边、双边投资促进合作机制,加强投资领域的国际交流与合作能够对《外商投资法》的实施带来促进性作用。其在具体的适用过程中起到提纲挈领、点明要旨的作用,提醒外国投资者关注东道国所签订的诸多协定,维护自身的合法权益。

条文内容

第十三条　国家根据需要,设立特殊经济区域,或者在部分地区实行外商投资试验性政策措施,促进外商投资,扩大对外开放。

关联法律

《外商投资法实施条例》第十条　外商投资法第十三条所称特殊经济区域，是指经国家批准设立、实行更大力度的对外开放政策措施的特定区域。国家在部分地区实行的外商投资试验性政策措施，经实践证明可行的，根据实际情况在其他地区或者全国范围内推广。

条文释义

改革开放以来，我国经济发展的成功经验之一就是经济特区、沿海开放城市、经济技术开发区、保税区、自贸区等制度。为了促进外商投资，扩大对外开放，有必要沿袭这类特殊经济区域制度。本条确认了改革开放实践中特殊经济区域制度。在以往的实践中，有的特殊经济区域的设立主体是国务院，有的是省级人民政府。本条中“国家可以设立特殊经济区域”的表述，为设立特殊经济区域的立法及行政主体预留了一定的立法空间。

结合我国目前实践来看，本条所指的“特殊经济区域”主要是指经济特区、自贸区、特别关税区等。其中，自贸区的建设是目前外商投资领域的关注重点。

法律适用

中国自贸区(China Pilot Free Trade Zone)是中国设立的自由贸易园区,是指在国家或者地区的关境以外,划出特定的区域,准许外国商品豁免关税自由进出。2013 年 9 月 29 日,上海自由贸易区最先挂牌成立,成为中国第一个自贸区。此后又先后分 6 批设立了广东、辽宁、海南、山东、北京等 21 个自贸试验区(其中在《外商投资法》施行时加快了设立自贸试验区的步伐),形成了覆盖东西南北中,统筹沿海、内陆、沿边的改革开放创新格局。国家支持各自贸试验区以制度创新为核心,以可复制可推广为基本要求,以风险防控为底线,全力推进相关领域改革开放创新,为全面深化改革和扩大开放探索新途径、积累新经验。各自贸试验区深化改革创新,持续深化差别化探索,带动形成更高层次改革开放新格局。同时,各自贸试验区主动对标全球最高标准国际经贸规则,这不仅符合世界自贸区未来发展和追求卓越的基本导向,更符合中国高质量发展及高水平开放的发展战略。自贸试验区是制度性开放与创新的试验地,自贸试验区在贸易、投资、金融、航运、人才等方面对接国际通行规则,中央各部门和自贸试验区所在地省级人民政府按照事权按照总体设计纷纷开展了制度性开放的试点,推出了一大批基础性、开创性改革开放举措。例如,国家金融监督管理总局(以下简称国家金融监管总局)于 2020 年发布了中国银保监会《关于向全国自贸试验区复制推广有关监管政策的指导意见》(银保监发〔2020〕15 号),适度简化银行业保险业市场准入要求;中国人民银行等 6 部委于 2020 年联合发布了《关于进一步优化跨境人民币政策支持稳外贸稳外资的通知》(银发〔2020〕330 号),推进更高水平贸易投资人民币结算便利化。10 多年来,自贸试验区形成了许多标志性、引领性制度创新成果，培育了一批具有国际竞争力的产业集群，站在了中国高水平对外开放的前列，也积极服务了区域重大战略、区域协调发展战略和共建“一带一路”。仅在2022年，21家自贸试验区以不到4‰的国土面积，贡献了占全国18.1%的外商投资和17.9%的进出口贸易。

条文内容

第十四条　国家根据国民经济和社会发展需要，鼓励和引导外国投资者在特定行业、领域、地区投资。外国投资者、外商投资企业可以依照法律、行政法规或者国务院的规定享受优惠待遇。

关联法律

《外商投资法实施条例》第十一条　国家根据国民经济和社会发展需要，制定鼓励外商投资产业目录，列明鼓励和引导外国投资者投资的特定行业、领域、地区。鼓励外商投资产业目录由国务院投资主管部门会同国务院商务主管部门等有关部门拟订，报国务院批准后由国务院投资主管部门、商务主管部门发布。

《鼓励外商投资产业目录（2022年版）》（2022年10月26日国家发展改革委、商务部令第52号公布自2023年1月1日起施行）

国务院《关于进一步优化外商投资环境加大吸引外商投资力度的意见》(国发〔2023〕11号)

国务院办公厅《关于印发〈扎实推进高水平对外开放更大力度吸引和利用外资行动方案〉的通知》(国办发〔2024〕9号)

国务院办公厅《关于促进开发区改革和创新发展的若干意见》(国办发〔2017〕7号)第四部分第(十四)项规定,“……开发区可结合产业发展方向,在政策允许和权限范围内制定相应的招商引资优惠政策”。据此,地方政府、开发区等主体有权作出本地区的招商引资政策承诺。

条文释义

本条除了授权“国家根据国民经济和社会发展需要,鼓励和引导外国投资者在特定行业、领域、地区投资”,还增加了“外国投资者、外商投资企业可以依照法律、行政法规或者国务院的规定享受优惠待遇”这一表述,进一步明确了外国投资者以及外商投资企业享受优惠待遇的法律来源,即法律、行政法规或国务院的规定。这与本法第18条“县级以上地方人民政府可以根据法律、行政法规、地方性法规的规定,在法定权限内制定外商投资促进和便利化政策措施”的规定是前后呼应的。

本条主要涉及的是对外商投资的鼓励和引导问题,其具体方式主要是通过制定有关外商投资的优惠待遇进行立法及政策的引导。

就国际实践来看,鼓励和引导外商投资的优惠待遇主要体现在特定领域的税收方面的优惠政策,针对外国投资者采取特殊税收制度包括减税或者免税的形式来吸引外国投资。一些减税和免税政策可能适用于特定地区内所有外国投资,例如经济特区的公司都可以申请税收优惠。

此外,在某些法域,可以给予某些行业的外国投资减免税优惠政策。除发展中国家出于吸引外商投资采取此类措施外,就连发达国家也广泛存在这类政策。例如,加拿大采取税收措施作为鼓励对加拿大投资的工具可以追溯到20世纪70年代初期,当时加拿大引入了税收抵免措施和加速资本成本津贴,以鼓励对制造业、加工业和第一产业的投资,例如农业、食品加工和森林产品等。

除各种税收优惠外,一些司法管辖区还采取了一些其他激励措施来吸引外资。在我国澳门特别行政区,政府以私人公司的形式向银行贷款提供利息补贴,还有就业补贴和出口多元化激励措施。欧盟在为外国投资提供激励方面也发挥了重要作用,它通过欧洲社会基金以及欧洲区域发展基金为投资提供了激励。在德国,不仅有投资成本的"投资激励",而且"投资激励"同样能支持通过补贴经营成本实现投资的投资者。这种激励可以现金激励、减少公共贷款或公共担保的形式呈现出来。

除上述讨论的对外商投资的鼓励和引导的方式问题外,国家鼓励和引导外商投资的领域问题也同样值得关注。

《鼓励外商投资产业目录》是在合并原先《外商投资产业指导目录》、《中西部地区外商投资优势产业目录》(以下简称中西部目录)基础上修订而成的。《鼓励外商投资产业目录》主要包括两部分:一是《全国鼓励外商投资产业目录》(以下简称全国目录),是对现行《外商投资产业指导目录》鼓励类的修订,适用于各省(区、市)的外商投资项目。二是中西部目录，适用于中西部地区、东北地区及海南省的外商投资。外商在中西部地区、东北地区及海南省投资，享受全国目录和中西部目录的相关政策。全国目录积极鼓励外商投资更多投向现代农业、先进制造、高新技术、现代服务业等领域，充分发挥外资在传统产业转型升级、新兴产业发展中的作用，促进经济高质量发展。中西部目录注重发挥地方特色资源等优势，积极支持中西部地区、东北地区承接国际、东部地区外资产业转移，促进沿边开发开放，加强与“一带一路”共建国家投资合作，发展外向型产业集群，推动开放型经济发展。①

法律适用

《鼓励外商投资产业目录(2022 年版)》包括两部分：一是全国目录，适用于全国；二是中西部目录，适用于中西部地区、东北地区以及海南省。与 2020 年版相比，2022 年版总条目 1474 条，净增加 239 条，修改 167 条。其中，全国目录共 519 条，增加 39 条、修改 85 条；中西部目录共 955 条，增加 200 条、修改 82 条。

该目录旨在引导更多外资投向先进制造业、现代服务业、高新技术、节能环保等领域，投向中国中西部和东北地区。

作为我国重要的外商投资促进政策，《鼓励外商投资产业目录(2022 年版)》对于支持外资发展、引导外资产业投向、优化外资区域布局发挥了重要作用。《鼓励外商投资产业目录》内的行业领域，主要可以享受 3

① 参见国家发展改革委、商务部《关于〈鼓励外商投资产业目录(征求意见稿)〉公开征求意见的公告》，载中国政府网，https://www.gov.cn/xinwen/2019-02/02/content_5363271.htm。

项优惠政策:一是在投资总额内进口自用设备,除国家规定不予免税的产品,免征关税;二是对于集约用地的鼓励类工业项目优先供应土地,并且可以按不低于所在地等别相对应全国工业用地出让最低价标准的70%确定出让底价;三是在西部地区和海南省投资,还可进一步减按15%税率缴纳企业所得税。

条文内容

第十五条　国家保障外商投资企业依法平等参与标准制定工作,强化标准制定的信息公开和社会监督。

国家制定的强制性标准平等适用于外商投资企业。

关联法律

《标准化法》第七条　国家鼓励企业、社会团体和教育、科研机构等开展或者参与标准化工作。

《外商投资法实施条例》第十三条　外商投资企业依法和内资企业平等参与国家标准、行业标准、地方标准和团体标准的制定、修订工作。外商投资企业可以根据需要自行制定或者与其他企业联合制定企业标准。外商投资企业可以向标准化行政主管部门和有关行政主管部门提出标准的立项建议,在标准立项、起草、技术审查以及标准实施信息反馈、评估等过程中提出意见和建议,并按照规定承担标准起草、技术审查的相关工作以及标准的外文翻译工作。标准化行政主管部门和有关行政主管部门应当建立健全相关工作机制，提高标准制定、修订的透明度，推进标准制定、修订全过程信息公开。

《强制性国家标准管理办法》（国家市场监督管理总局令第25号）

国务院《关于进一步优化外商投资环境加大吸引外商投资力度的意见》（国发〔2023〕11号）第（七）点　支持外商投资企业依法平等参与标准制定工作。推进标准制定、修订全过程信息公开，保障外商投资企业与内资企业依法平等参加标准化技术委员会及标准制定工作。鼓励外商投资企业自行制定或与其他企业联合制定企业标准，开展标准化服务。在服务业扩大开放综合试点示范地区推进国家级服务业标准化试点。

国务院办公厅《关于印发〈扎实推进高水平对外开放更大力度吸引和利用外资行动方案〉的通知》（国办发〔2024〕9号）第（十三）点　公平参与标准制修订。支持外商投资企业以相同条件参加先进制造、工程材料、信息通信等标准化技术委员会或相关标准化组织机构，依法平等参与标准制定修订工作。及时公开国家标准信息，提高标准化工作的透明度、开放性。

条文释义

本条第1款明确了外商投资企业享有参与标准制定的权利，这也是我国保障内外资企业“一视同仁、平等对待”待遇的具体措施之一。此处的标准，根据《标准化法》第2条的规定，是指农业、工业、服务业以及社会事业等领域需要统一的技术要求。标准包括国家标准、行业标准、地方标准和团体标准、企业标准。国家标准分为强制性标准、推荐性标准，行业标准、地方标准是推荐性标准。强制性标准必须执行。国家鼓励采用推荐性标准。鉴于标准是企业产品进入市场的门槛，与外商投资企业的长远利益直接相关，本款无疑确认了外商投资企业至关重要的一项权利。首先，通过参与相关国内技术标准的制定工作，外商投资企业不仅能够了解现行适用的技术标准，也可以获悉产品技术要求的发展趋势，这有助于研发部分提前做好相应准备。其次，能够参与国内相关技术标准特别是国家标准的制定工作，也有助于提升外商投资企业在相关行业内的影响力和市场认可度。由于强制标准与知识产权关系密切，本款亦间接体现了对外商知识产权的尊重。本条第2款存在两层含义，即外商投资企业有适用我国强制性标准的义务，也有不被强制要求适用更高标准的权利。

随着外商投资企业参与我国市场的程度不断提升，其迫切希望参与我国标准制度的制定工作。同时，由于部分外商投资企业对我国标准化政策、标准化工作及参与途径尚不了解，我国迫切需要出台一份指导外商投资企业参与我国标准化工作的文件进行引导和规范。故此，2015年3月，国务院印发的《深化标准化工作改革方案》明确提出“进一步放宽外资企业参与中国标准的制定”；2017年1月，国务院印发的《关于扩大对外开放积极利用外资若干措施的通知》(国发〔2017〕5 号)要求“促进内外资企业公平参与我国标准化工作”,并明确由国家标准化管理委员会(以下简称国家标准委)牵头落实。2017 年 11 月,国家标准委、国家发改委、商务部在广泛征求外商投资企业、标准化技术委员会、有关政府部门和地方的意见,以及充分调查外商投资企业参与我国标准化工作情况及需求的基础上,制定了《外商投资企业参与我国标准化工作的指导意见》(国标准委综合联〔2017〕119 号)。该意见内容包括外商投资企业参与我国标准化工作的原则、参与范围、参与方式、参与途径、知识产权保护及要求等。该意见首次明确外商投资企业为参与我国标准化工作的主体,规定在我国境内合法设立的中外合资、中外合作和外资等企业,与内资企业享有同等待遇参与我国标准化工作;明确了外商投资企业参与我国国家标准制修订工作的内容、方式和要求,例如可以参与国家标准起草工作和国家标准外文版翻译工作,也可以在标准立项、征求意见、标准实施等过程中提出意见和建议,而参与我国标准化工作的外商投资企业代表应当具备一定的标准化工作基础和经验,具备相应的专业能力等;明确了外商投资企业可参与我国标准化技术组织和国际标准化活动,例如可以作为委员或观察员参与全国专业标准化技术委员会,可按照有关规定要求参与国际标准化组织的相关活动,开展标准化合作交流等,鼓励其开展标准化服务等。

2023 年,国务院办公厅发布的《关于进一步优化外商投资环境加大吸引外商投资力度的意见》(国发〔2023〕11 号)在第(七)点中明确要求支持外商投资企业依法平等参与标准制定工作。该点要求推进标准制定、修订全过程信息公开,保障外商投资企业与内资企业依法平等参加标准化技术委员会及标准制定工作;鼓励外商投资企业自行制定或与其他企业联合制定企业标准,开展标准化服务;在服务业扩大开放综合试点示范地区推进国家级服务业标准化试点。2024 年,国务院办公厅《关于印发〈扎实推进高水平对外开放更大力度吸引和利用外资行动方案〉的通知》(国办发〔2024〕9 号)在第(十三)点再次明确提出外商投资企业公平参与标准制修订。该点要求支持外商投资企业以相同条件参加先进制造、工程材料、信息通信等标准化技术委员会或相关标准化组织机构,依法平等参与标准制定修订工作;及时公开国家标准信息,提高标准化工作的透明度、开放性。

外商投资企业不同程度参与了我国标准的预研、立项、起草、审查、修订等具体工作,对提高我国标准技术水平、提升与国际国外标准一致性程度发挥了重要作用。

法律适用

以博世(中国)投资有限公司为例,截至 2022 年年底,该外商投资企业在华仅投资建设的研发中心就达 26 个,研发人员近 10,000 名,其并以外资身份在相关国家与行业参与标准制定工作。博世苏州的功能安全专家作为主要起草人全程参与了 GB/T 34590 - 2017《道路车辆　功能安全》的标准制定,博世家电的专家也长期作为全国产品缺陷与安全管理标准化技术委员会(TC463 标委会)的委员参与消费品召回与风险分析相关国标的制定工作。

在国家标准方面,保时捷中国的技术法规团队同样参与了全国汽车技术标准化技术委员相关行业国家标准的制定。例如,保时捷中国是强制性国家标准“汽车对行人的碰撞保护”“乘用车前后端保护装置”“乘用车顶部抗压强度”的起草单位之一。在地方标准方面,2021 年保时捷中国以观察员的身份,加入上海市智能网联汽车及应用标准化技术委员会。

条文内容

第十六条 国家保障外商投资企业依法通过公平竞争参与政府采购活动。政府采购依法对外商投资企业在中国境内生产的产品、提供的服务平等对待。

关联法律

《外商投资法实施条例》第十五条 政府及其有关部门不得阻挠和限制外商投资企业自由进入本地区和本行业的政府采购市场。政府采购的采购人、采购代理机构不得在政府采购信息发布、供应商条件确定和资格审查、评标标准等方面,对外商投资企业实行差别待遇或者歧视待遇,不得以所有制形式、组织形式、股权结构、投资者国别、产品或者服务品牌以及其他不合理的条件对供应商予以限定,不得对外商投资企业在中国境内生产的产品、提供的服务和内资企业区别对待。

《外商投资法实施条例》第十六条 外商投资企业可以依照《中华人民共和国政府采购法》(以下简称政府采购法)及其实施条例的规定,就政府采购活动事项向采购人、采购代理机构提出询问、质疑,向政府采购监督管理部门投诉。采购人、采购代理机构、政府采购监督管理部门应当在规定的时限内作出答复或者处理决定。

《外商投资法实施条例》第十七条　政府采购监督管理部门和其他有关部门应当加强对政府采购活动的监督检查，依法纠正和查处对外商投资企业实行差别待遇或者歧视待遇等违法违规行为。

国务院《关于进一步优化外商投资环境加大吸引外商投资力度的意见》(国发〔2023〕11号)第(六)点　保障外商投资企业依法参与政府采购活动。尽快出台相关政策措施，进一步明确“中国境内生产”的具体标准。研究创新合作采购方式，通过首购订购等措施，支持外商投资企业在我国创新研发全球领先产品。推动加快修订政府采购法。开展保障经营主体公平参与政府采购活动专项检查，依法查处对外商投资企业实行差别待遇等违法违规行为，适时通报典型案例。外商投资企业如认为政府采购活动使其权益受到损害，可依规提起质疑和投诉，各级财政部门应依法受理并公平处理。

条文释义

本条主要涉及我国在政府采购方面的法律制度，对相关部门组织政府采购招标等活动提出了指导性的要求，意在强调外商与内商在政府采购活动中公平、平等地参与竞争。与2018年12月公布的《外商投资法

(草案)》第16条相比,当前条款值得注意的是:一是本条所指的政府采购不包括国有企业的采购。虽然WTO《政府采购协议》中政府采购主体概念的外延较广泛,不仅包括政府及其分支机构、事业单位、社会团体,还包括政府控制的国有企业,以及涉及公共利益的公共企业比如供电、供水、通讯等,但在中国加入WTO《政府采购协议》之前,这里的政府采购主体仅限于国家机关、事业单位和社会团体(主要是代理机构),而将国有企业排除在外。这点也符合《政府采购法》的规定。二是本条规范政府采购的对象不仅覆盖以中央政府为中心辐射全国各地方政府的日常消耗及常年或永久耐耗品的采购,例如办公用品、办公楼、办公车辆等,而且延伸至服务贸易。这些规定符合我国《政府采购法》的规定,而且也符合我国当前经济发展的需要。三是本条适用的对象是外商投资企业而不是外国投资者本身参与中国各级政府的公共采购。四是本条的重点在于确保外商投资企业的平等参与权利。

需要指出的是,我国目前并未正式加入WTO《政府采购协议》,《外商投资法》的这条规定不但将我国有关政府采购方面的立法修订提上日程,而且有助于推动我国加入该协议。结合我国《外商投资法》第16条的规定以及本法确立的准入前国民待遇外资管理模式,《政府采购法》的修订将充分考虑外资与内资在政府采购活动中的公平竞争,这将有助于我国相关立法的规范化与现代化,从而推进我国加入WTO《政府采购协议》的进程,以弥补前述因非WTO《政府采购协议》成员身份而带来的一些竞争劣势。

法律适用

2021年10月13日,财政部就在政府采购活动中平等对待在中国境内设立的内外资企业有关事项发出通知[1]，要求保障内外资企业平等参与政府采购、在政府采购活动中落实平等对待内外资企业和平等维护内外资企业的合法权益。该通知规定：政府采购依法对内外资企业在中国境内生产的产品（包括提供的服务，下同）平等对待。各级预算单位应当严格执行《政府采购法》和《外商投资法》等相关法律法规，在政府采购活动中，除涉及国家安全和国家秘密的采购项目外，不得区别对待内外资企业在中国境内生产的产品。在中国境内生产的产品，不论其供应商是内资还是外资企业，均应依法保障其平等参与政府采购活动的权利。该通知进而规定各级预算单位在政府采购活动中，不得在政府采购信息发布、供应商资格条件确定和资格审查、评审标准等方面，对内资企业或外商投资企业实行差别待遇或者歧视待遇，不得以所有制形式、组织形式、股权结构、投资者国别、产品品牌以及其他不合理的条件对供应商予以限定，要切实保障内外资企业公平竞争。该通知还规定：内外资企业在政府采购活动中，凡认为采购文件、采购过程、中标或者成交结果使自身权益受到损害的，均可依照相关规定提起质疑和投诉。各级财政部门应当严格落实《政府采购质疑和投诉办法》（财政部令第 94 号），畅通投诉渠道，依法受理并公平处理供应商的投诉，不得在投诉处理中对内外资企业实施差别待遇或者歧视待遇，要维护政府采购供应商的合法权益。财政部的该通知明确了适用《外商投资法》第 16 条的具体要求，最终有助于构建统一开放、竞争有序的政府采购市场体系，促进政府采购公平竞争。

---

① 参见《关于在政府采购活动中落实平等对待内外资企业有关政策的通知》（财库〔2021〕35 号）。

条文内容

第十七条　外商投资企业可以依法通过公开发行股票、公司债券等证券和其他方式进行融资。

关联法律

《外商投资法实施条例》第十八条　外商投资企业可以依法在中国境内或者境外通过公开发行股票、公司债券等证券，以及公开或者非公开发行其他融资工具、借用外债等方式进行融资。

2022 年 10 月 13 日，国家发展改革委等六部门联合印发《关于以制造业为重点促进外资扩增量稳存量提质量的若干政策措施》第(九)点　……支持符合条件的外商投资企业通过在主板、科创板、创业板、北京证券交易所上市，在新三板基础层和创新层挂牌，以及发行公司信用类债券进行融资。支持各类金融机构在依法合规、风险可控前提下创新产品和服务，按照市场化原则为符合条件的外商投资企业提供优质金融服务和融资支持……

条文释义

外商投资企业在中国境内经营，与内资企业一样，具有融资从而扩大规模的需求，本条从立法上明确保障了外商投资企业融资的权利，除本条明确列举的“公开发行股票、公司债券”两种形式以外，“等证券和其他方式”的措辞，一方面为快速创新的金融产品保留了外商投资企业可利用的空间，另一方面也为外商融资途径的相关立法预留了余地。

实际上，在我国外商投资企业通过证券方式进行融资的实践早已存在。20 世纪 90 年代初，在积极吸引外资参与国内建设的政策导向下，我国早期的证券市场对外资企业持开放态度。1994 ~ 1995 年，一方面国内经济进入调整期，另一方面由于股权协议转让方式的滥用，国家及时出台了《关于暂停将上市公司国家股和法人股转让给外商请示的通知》（现已失效）①，停止了实践中的相关尝试，同时这对外资企业的上市活动也产生了深刻的影响。1995 年以后，实践中的外资企业上市呈现逐年递增的趋势，这在一定程度上反映了政策导向的变化。2000 年，中国证券监督管理委员会（以下简称中国证监会）取消了上市的额度限制，行政审批制被核准制所取代。中国证监会原本未对外资企业境内上市设定具体的限制，此前外资企业上市之所以较少，是因为国内证券市场在发展初期承担的最主要职责是满足国有大中型企业迫切的融资需求，所以外资企业在国内证券市场上市的最大障碍是上市额度。而核准制的实行，无疑扫除了外资企业上市的重大障碍。2001 年 7 月，对外贸易

① 参见国务院办公厅转发国务院证券委员会《关于暂停将上市公司国家股和法人股转让给外商请示的通知》，载中国政府网，http://www.gov.cn/xxgk/pub/govpublic/mrlm/201011/t20101112_62555.html。

经济合作部(以下简称外经贸部)公布的《关于外商投资股份有限公司有关问题的通知》(外经贸资字〔2001〕39号)指出,外商投资股份有限公司申请上市发行A股或B股,需获得外经贸部同意,而且要按规定和程序设立或改制,还需符合外商投资产业政策。上市后,公司中非上市外资股比例应不低于总股本的25%。这被认为是官方允许外资上市的信号。[①] 2001年11月,外经贸部和证监会联合发出《关于上市公司涉及外商投资有关问题的若干意见》[②](现已失效),由此,外企上市的问题得到进一步明确。该意见一方面降低了外资企业进入证券市场的门槛,这包括降低上市后锁定外资股的比例以及允许外资收购非流通的国有股;另一方面把与外资入市的一些法规予以细化。该意见的颁布具有里程碑式的意义,它明确表示了我国促进外资企业上市的决心,同时也揭开了外资入市有关法规的制定或细化的序幕。[③] 不少业内人士均认为,这是监管层为外企在境内发行A、B股打开了"绿灯",它是中国加入WTO后资本市场走向开放的一个必然结果,表明我国正在按照WTO规则,对外资企业逐步施行国民待遇的政策方向,具有非常深远的意义。总体而言,自20世纪90年代外资开始涉足我国证券市场以来,我国关于外资上市的各种政策、法规繁多,但是并没有任何一条法规是禁止外资企业上市的,而长期以来外资上市遇到的障碍主要是在报批过程中的操作性障碍。

---

① 对外贸易经济合作部办公厅《关于外商投资股份有限公司有关问题的通知》,载商务部官网,https://m.mofcom.gov.cn/article/zcfb/zcwgtz/200207/20020700031156.shtml。

② 《关于上市公司涉及外商投资有关问题的若干意见》,载中国证监会官网,http://www.csrc.gov.cn/pub/newsite/ssb/ssflfg/bmgzjwj/ssbgcz/200906/t20090624_108136.html。

③ 参见陆一等:《外资企业上市政策:一个跌宕沉浮的因素》,载《上市公司》2002年第2期。

2017年,国务院印发的《关于扩大对外开放积极利用外资若干措施的通知》(国发〔2017〕5号)中提出,实行内外资企业统一的注册资本制度,支持外资企业在主板、中小企业板、创业板上市,在债券市场融资。2018年6月,国务院印发了《国务院关于积极有效利用外资推动经济高质量发展若干措施的通知》(国发〔2018〕19号)①,再次明确外商可以直接投A股,并且为边境内外资企业首次公开募股(Initial Public Offering,IPO)提供了法律支持。在该通知中,与外商投资企业通过证券方式进行融资的条款主要包含以下内容:(1)允许符合条件的外国自然人投资者依法投资境内上市公司。(2)比照上市公司相关规定,允许外商投资全国中小企业股份转让系统挂牌公司。(3)积极支持注册地和主要生产地都在边境经济合作、跨境经济合作区,符合条件的内外资企业,申请首次公开发行股票上市。(4)放宽外资金融机构设立限制,扩大外资金融机构在华业务范围,拓宽中外金融市场合作领域。(5)修订完善合格境外机构投资者(QFII)和人民币合格境外机构投资者(RQFII)有关规定,建立健全公开透明、操作便利、风险可控的合格境外投资者制度,吸引更多境外长期资金投资境内资本市场。(6)允许西部地区和东北老工业基地的外商投资企业在境外发行人民币或外币债券,并可全额汇回所募集资金,用于所在省份投资经营。(7)鼓励地方统筹中央有关补助资金和自有财力,支持边境经济合作区、跨境经济合作区、边境旅游试验区建设。(8)大力推进原油期货市场建设,积极推进铁矿石等期货品种引入境外交易者参与交易。(9)深化境外上市监管改革,支持符合条件的境内企业到境外上市,稳妥有序推进在境外上市公司的未上市股份在境外市场上市流通。(10)提高外商投资

① 国务院《关于积极有效利用外资推动经济高质量发展若干措施的通知》,载中国政府网,http://www.gov.cn/zhengce/content/2018-06/15/content_5298972.htm。

企业资金运用便利度。进一步简化资金池管理,允许银行审核真实、合法的电子单证,为企业办理集中收付汇、轧差结算业务。放宽企业开展跨国公司外汇资金集中运营管理试点备案条件。支持跨国企业集团办理跨境双向人民币资金池业务。

与此同时,国家外汇管理局(以下简称外管局)已经在对现行的QFII、RQFII的相关外汇管理政策进行调整,取消了相关资金汇出比例限制、本金锁定期要求,并允许QFII、RQFII开展外汇套保业务,后续资本项目可兑换的便利化程度将进一步提高。这将进一步有利于外商投资企业的证券融资途径。①

法律适用

目前,《外商投资法》第17条已经在一定程度上能够被相关规定予以落实和保障。但是,由于外商投资企业发行股票是一项复杂工程,其涉及外资持股比例要求、投资产业限制等多项规定,牵涉证监会、外汇局、发改委等多个职能部门。从过往实践看,为外商投资企业打开登陆A股市场的方便之门,还需全面推进注册制改革、简化审批流程、缩短上市时间,提升外资企业上市便利度;需要持续完善外资上市企业信息披露制度,深化与境外监管部门合作,提高我国资本市场配置全球资本要素的能力。特别是进一步落实外资企业上市操作细则,根据不同类别的企业特点,有针对性地进行上市培训辅导,努力在更高层次、更广范围实现"引进来"等。

① 参见《国务院:外国人可直接投A股 支持边境内外资企业IPO》,载新浪网,https://finance.sina.cn/2018-06-19/detail-iheauxvz8470118.d.html?from=wap。

当然，支持外资企业到A股上市，并不意味着搞“特殊化”。监管部门应本着国民待遇的原则，依据现有发行上市标准及程序，受理外商投资企业的A股上市申请，并严格审核发行标准，防止热钱借机炒作。对于外资企业来说，则应提前做好功课，积极适应我国监管要求，遵守本地市场游戏规则，以便更好地分享我国资本市场发展红利，更充分参与到中国经济高质量发展中去。

条文内容

第十八条　县级以上地方人民政府可以根据法律、行政法规、地方性法规的规定，在法定权限内制定外商投资促进和便利化政策措施。

关联法律

《外商投资法实施条例》第十九条　县级以上地方人民政府可以根据法律、行政法规、地方性法规的规定，在法定权限内制定费用减免、用地指标保障、公共服务提供等方面的外商投资促进和便利化政策措施。县级以上地方人民政府制定外商投资促进和便利化政策措施，应当以推动高质量发展为导向，有利于提高经济效益、社会效益、生态效益，有利于持续优化外商投资环境。

《外商投资法实施条例》第二十条　有关主管部门应当编制和公布外商投资指引，为外国投资者和外商投资企业提供服务和便利。外商投资指引应当包括投资环境介绍、外商投资办事指南、投资项目信息以及相关数据信息等内容，并及时更新。

《公平竞争审查条例》（国务院令第783号）第十条　起草单位起草的政策措施，没有法律、行政法规依据或者未经国务院批准，不得含有下列影响生产经营成本的内容：

（一）给予特定经营者税收优惠；

（二）给予特定经营者选择性、差异化的财政奖励或者补贴；

（三）给予特定经营者要素获取、行政事业性收费、政府性基金、社会保险费等方面的优惠；

（四）其他影响生产经营成本的内容。

条文释义

本条对于可以制定外商投资促进和便利化政策措施的主体提出了明确的要求。因此，本条在行政法维度上既是“放权条款”，也是“限权条款”，其在鼓励各地因地制宜招商引资的同时，一定程度上也保证了相同地区之间政策的统一性。

在通常情况下，投资促进和便利化政策既包括根据本法第11条为外国投资者及外商投资企业提供服务的相关内容、第14条鼓励引导外资等条款制定的实质性外资鼓励政策，也包括根据本法第19条所要求开展的办事程序的简化的政策。

值得注意的是，本条将可以“制定外商投资促进和便利化政策措施”的主体限制为“县级以上地方人民政府”，有效地避免了基层权力的滥用及过度放权可能产生的法律风险。地方政府拥有制定促进投资便利化政策的权力，有可能导致地区发展不平衡加剧，以及地区之间为吸引外资恶性竞争。因此，出台对地方政府给予外商投资优惠的范围和幅度的详细配套法规对于《外商投资法》第18条的执行具有重要意义。

法律适用

《外商投资法》第18条完善和细化了外商投资便利化的相关规定，且对各级人民政府的权利义务进行了明确规定，即县级以上人民政府都有权制定相关政策措施，且各级人民政府都有义务编制和公布外商投资指引。

这里需要特别注意的是，县级以上人民政府在制定相关政策措施时要避免与《公平竞争审查条例》的规定相抵触。2024年8月1日起施行的《公平竞争审查条例》第10条规定，没有法律、行政法规依据或者未经国务院批准，不得给予特定经营者税收优惠，实施选择性、差异化财政奖励或者补贴，也不得在要素获取、行政事业性收费等方面给予特定经营者优惠。这对县级以上人民政府依法制定外商投资促进和便利化政策措施提出更高要求。

条文内容

第十九条　各级人民政府及其有关部门应当按照便利、高效、透明的原则，简化办事程序，提高办事效率，优化政务服务，进一步提高外商投资服务水平。

有关主管部门应当编制和公布外商投资指引，为外国投资者和外商投资企业提供服务和便利。

关联法律

《外商投资法实施条例》第十九条　县级以上地方人民政府可以根据法律、行政法规、地方性法规的规定，在法定权限内制定费用减免、用地指标保障、公共服务提供等方面的外商投资促进和便利化政策措施。县级以上地方人民政府制定外商投资促进和便利化政策措施，应当以推动高质量发展为导向，有利于提高经济效益、社会效益、生态效益，有利于持续优化外商投资环境。

《外商投资法实施条例》第二十条　有关主管部门应当编制和公布外商投资指引，为外国投资者和外商投资企业提供服务和便利。外商投资指引应当包括投资环境介绍、外商投资办事指南、投资项目信息以及相关数据信息等内容，并及时更新。

国务院《关于进一步优化外商投资环境加大吸引外商投资力度的意见》(国发〔2023〕11号)第(十三)点 优化外商投资企业外籍员工停居留政策。持续优化入出境政策措施,为外商投资企业的外籍高管、技术人员本人及家属提供入出境、停居留便利。指导我驻重点引资国家或地区使领馆继续为跨国公司高管申请签证提供便利,通过驻外经商机构及时宣介我入境政策。为符合条件的外商投资企业聘雇并推荐的外籍高级管理、技术人才申请永久居留提供便利。提高外国人永久居留身份证在公共交通、金融服务、医疗保障、互联网支付等场景应用便利度。

国务院《关于进一步优化外商投资环境加大吸引外商投资力度的意见》(国发〔2023〕11号)第(十六)点 完善外商投资企业服务保障。建立健全外商投资企业圆桌会议制度。各级重大和重点外资项目工作专班建立健全联动协调机制,及时协调解决项目签约、建设、投产中遇到的困难和问题。做好自由贸易协定原产地证书签证工作,为外商投资企业享受关税减免政策提供便利。

国务院办公厅《关于印发〈扎实推进高水平对外开放更大力度吸引和利用外资行动方案〉的通知》(国办发〔2024〕9号)

条文释义

本条涉及了行政透明原则和优化政务服务原则。

本条第1款“各级人民政府及其有关部门应当按照便利、高效、透明的原则,简化办事程序,提高办事效率,优化政务服务,进一步提高外商投资服务水平”之规定与2018年12月的《外商投资法(草案)》相应条款“各级人民政府及其有关部门应当按照便利、高效、透明的原则,进一步提高外商投资服务水平”之规定相比,强调了“政务服务”的概念。

有关行政透明原则,作者在讨论《外商投资法》第10条时已经对涉及行政透明原则的信息公开制度进行了充分的学理讨论,在此不再赘述。

有关优化政务服务的原则,本条既从概括性的层面对各级人民政府及其有关部门的工作提出了便利、高效、简化办事程序、提高办事效率的要求,也从具体实施层面对有关主管部门提出了“编制和公布外商投资指引,为外国投资者和外商投资企业提供服务和便利”的要求。前文所谈及的“鼓励外商投资产业目录”便是上述外商投资指引的重要组成部分。

在“简化办事程序,提高办事效率”方面,国家相关部门已经制定了细则推进相关工作的实施。这些便利措施有的专门针对外商投资企业,更多的措施则既惠及内资,也惠及外资。例如,2019年1月,市场监管总局印发了《企业登记申请文书规范》(以下简称《文书规范》)和《企业登记提交材料规范》(以下简称《材料规范》)。市场监管总局关于印发上述两规范的通知对相关工作提出了以下几点要求:

一是整合、优化申请材料,进一步推进登记注册便利化。全面梳理整合优化《文书规范》《材料规范》,进一步精简文书表格,减少填报事项。合并内、外资公司登记(备案)申请书,合并各类分公司、非法人分支机构、营业单位登记(备案)申请书,合并公司、非公司企业法人、合伙企业、个人独资企业注销登记申请书,合并股权出质设立、变更、注销、撤销登记申请书。整合有限责任公司与股份有限公司设立登记提交材料规范,整合公司合并、分立提交材料规范,整合外商投资公司和非公司外商投资企业提交材料规范。为方便申请人填写,将表格中的部分"填写项"修改为标准化表述的"勾选项"。二是清理删减申请材料,取消无法律法规依据的证明文件。根据国务院办公厅《关于做好证明事项清理工作的通知》(国办发〔2018〕47 号)要求,对各类提交材料事项进行全面清理,优化市场主体准入和退出机制。对没有法律法规依据或国务院已经明确取消的登记事项涉及的文书、材料规范不再保留。企业申请注销登记无须提交清算组成员《备案通知书》、清算报告的确认文件、清算公告报纸样张等文件。分公司被依法责令关闭、吊销营业执照申请注销登记的,不再提交责令关闭的文件或公司登记机关吊销营业执照的决定。三是推进网上登记注册,优化网上提交材料方式。积极推行"互联网 + 政务服务",为申请人提供渠道多样、业务全面、简便易用的企业登记服务。充分利用电子化、网络化的优势,简化登记手续,整合优化填报内容,通过网上传输电子数据进行无纸化登记,降低企业办事成本。对通过全程电子化方式申请登记注册的,申请人提交的主体资格证明、身份证明、批准证书等文件材料,通过全程电子化登记系统提交原件影像(印)件;提交章程、章程修正案、决议、决定等文件材料的,由系统通过格式规范生成或通过全程电子化登记系统传送经签名的原件影像(印)件。四是落实取消企业集团登记、分支机构备案要求,删除相关文书、材料规范。

法律适用

本条通过原则性指导和具体性落实两个方面为外商投资者在华投资所得便利提供了法律依据和制度保障。为配合《外商投资法》所确立的准入前国民待遇原则，外商投资在中国的管理采用备案登记制。为此，《文书规范》和《材料规范》在专门章节对外商投资备案登记的文书要求进行了明确。

随着《外商投资法》的颁布与实施，国家有关部门进一步出台有关细则，对该法第19条确立的优化政务服务原则进行具体落实。

第四章

投资保护

条文内容

第二十条　国家对外国投资者的投资不实行征收。

在特殊情况下，国家为了公共利益的需要，可以依照法律规定对外国投资者的投资实行征收或者征用。征收、征用应当依照法定程序进行，并及时给予公平、合理的补偿。

关联法律

《外商投资法实施条例》第二十一条　国家对外国投资者的投资不实行征收。在特殊情况下，国家为了公共利益的需要依照法律规定对外国投资者的投资实行征收的，应当依照法定程序、以非歧视性的方式进行，并按照被征收投资的市场价值及时给予补偿。外国投资者对征收决定不服的，可以依法申请行政复议或者提起行政诉讼。

条文释义

本条是不征收条款，是《外商投资法》第5条规定的“国家依法保护外国投资者在中国境内的投资、收益和其他合法权益”的具体体现，也是有关外商投资保护条款中最重要的内容。但是，国家有权行使经济主权,依照国际通行做法,不征收存在例外情况,本条第 2 款也规定了例外情况,并作出了国家对外国投资者投资的征收条件、征收程序以及补偿方面的规范性要求。

我国对于征收的立场系随法治进程的推进而逐渐转变的。在 1982 年的《对外合作开采海洋石油资源条例》第 26 条中,就规定了“在战争、战争危险或其他紧急状态下,中国政府有权征购、征用外国合同者所得的和所购买的石油的一部或全部”。在该条款中,征收的表现形式为征购和征用,且实行征收的前提条件限定为“战争、战争危险”的紧急状态。从条文内容来看,虽然该条例对征收的实行前提做了较严格的限定,但此时的征收表现为中国政府主动行使的权力。在 1986 年出台的原《外资企业法》中,首次规定国家对外资不实行国有化和征收,只有在特殊情况下才能实行征收。该法第 5 条规定:“国家对外资企业不实行国有化和征收;在特殊情况下,根据社会公共利益的需要,对外资企业可以依照法律程序实行征收,并给予相应的补偿。”虽然其实行征收的前提——“社会公共利益的需要”相比于“紧急状态”的表述可能更为宽泛,但是该表述方式确定了国家原则上不对外资实行国有化和征收,征收权力具有例外性。该内容表述基本确定了中国关于征收方面规定的模板,并确定了之后相关法律关于征收的表述。原《中外合资经营企业法》在 1990 年修正后的第 2 条第 3 款规定,“国家对合营企业不实行国有化和征收;在特殊情况下,根据社会公共利益的需要,对合营企业可以依照法律程序实行征收,并给予相应的补偿”。《对外合作开采海洋石油资源条例》在 2001 年修订后其第 4 条内容也采取了这一表述方式,即“国家对参加合作开采海洋石油资源的外国企业的投资和收益不实行征收。在特殊情况下,根据社会公共利益的需要,可以对外国企业在合作开采中应得石油的一部分或者全部,依照法律程序实行征收,并给予相应的补偿”。

《外商投资法》第20条基本继承了此前关于国家不征收的表述，列明了国家在特殊情况下对外国投资者投资实行征收需要符合的几个要件，即公共目的、正当程序、给予公平合理的补偿。相比于国际公认的合法征收的要件，其似乎缺少了对合法征收设置的非歧视性的要求。在我国对外签订的双边投资协定中，对于非歧视性的要件并不十分排斥，早在1982年中国与瑞典签订的双边投资协定中，中国政府就正式承认了西方国家在认定征收时所依据的四大要件，即公共目的、非歧视、正当程序、给予补偿。在之后签订的大量双边协定中，也基本包含了征收的“非歧视”要件。鉴于此，《外商投资法实施条例》引入了非歧视要件。

《外商投资法》第20条、《外商投资法实施条例》第21条都围绕征收规定了补偿标准，但有以下几点值得注意：第一，相比于原《中外合资经营企业法》和原《外资企业法》，《外商投资法》本条取消了“国有化”的表述。虽然原有的这些条文中，征收和国有化作为并列关系，看似是不同的两个概念，但实际上在中国对外签订的双边投资协定中，在涉及“国有化”的表述中，都会明确将“国有化、征收或者对其采取具有类似国有化、征收效果的其他措施”简称为“征收”。因此，去除“国有化”的表述并不会引起争议。第二，其未采用我国国内法上常常出现的与“征收”并列的“征用”概念。从外在形式来看，“征收”和“征用”都是为了公共利益需要，也都要经过一定的法律程序，并且都需要给予补偿，但是“征用”并不会发生所有权的转移，因此“征用”并不能纳入到“征收”的范畴中。我国立法体系中，明确了国家在特殊情况下有征用个人和单位财产的权力。例如，2017年发布的原《民法总则》第117条规定：“为了公共利益的需要，依照法律规定的权限和程序征收、征用不动产或者动产的，应当给予公平、合理的补偿。”2018年修正的《反恐怖主义法》第78条第1款规定，“公安机关、国家安全机关、中国人民解放军、中国人民武装警察部队因履行反恐怖主义职责的紧急需要，根据国家有关规定，可以征用单位和个人的财产。任务完成后应当及时归还或者恢复原状,并依照规定支付相应费用;造成损失的,应当补偿”。2018 年修正的《国家情报法》第 17 条第 2 款规定,“国家情报工作机构工作人员根据工作需要,按照国家有关规定,可以优先使用或者依法征用有关机关、组织和个人的交通工具、通信工具、场地和建筑物,必要时,可以设置相关工作场所和设备、设施,任务完成后应当及时归还或者恢复原状,并依照规定支付相应费用;造成损失的,应当补偿”。在以上这些条文规定中,并没有排除对外商投资的适用。因此,如果外商投资遭受征用,考虑《外商投资法》第 4 条关于投资待遇与国际投资协定项下待遇的关系规定,本规定征收的适用条件以及补偿标准应适用于对外资的征用。这既是《外商投资法》与其他法律制度相衔接的应有之意,也是《外商投资法》第 4 条适用的结果。第三,其并未使用“直接或间接”征收的表述,此规定或可容纳未来对“间接征收”的进一步规制。这一点可以从《外商投资法》对“投资”的定义中得到印证。不同于我国其他法律上的征收、征用对象——动产或者不动产或用益物权,《外商投资法》的征收对象是外商的“投资”,而该法所称投资,是指外国投资者直接或者间接在中国境内进行的投资活动,其中包括了外商投资企业、外国投资者取得的中国境内企业的股份、股权、财产份额或者其他类似权益,外国投资者在中国境内投资新建项目或其他投资等情形。在目前的外商投资法框架下,由于投资概念的广泛性,其既包括了有形财产,也包括了无形财产和权益,那么对投资的征收可能容纳权益或者价值虽大幅贬损而所有权未发生转移的“间接征收”情形。这不失为现行法中已经存在的容纳“间接征收”的通路。第四,在征收补偿问题上,我国学界一直将征收的补偿定性为国家经济主权的事宜,采取“适当补偿”的立场。联合国大会第二三一五次全体会议 1974 年 12 月 12 日第 3281(XXIX)号决议通过的《各国经济权利义务宪章》第 2 条规定,“将外国财产的所有权收归国有、征收或转移,在收归国有、征收或转移时,应由采取此种措施的国家给予适当的赔偿,要考虑到它的有关法律和规章以及该国认为有关的一切情况。因赔偿问题引起的任何争论均应由实行国有化国家的法院依照其国内法加以解决,除非有关各国自由和互相同意根据各国主权平等并依照自由选择方法的原则寻求其他和平解决办法”。这在一定程度上否定了对外商投资征收补偿问题的跨国属性。从我国的对外实践中,也明显看出将其视为本国经济主权内部的事宜,而不是作为国际义务来看待。在我国对外签订的双边投资协定中,也未对补偿数额进行过明确的约定,而是采取一些笼统性的表述方式。例如,1985 年中国与科威特协定第 5 条第 2 款规定公平与公正补偿、1986 年中国与瑞士投资保护协定第 7 条规定适当补偿、1986 年中国与英国协定第 5 条第 2 款规定合理补偿等,刻意回避了“足额”“充分”等词语。这也意味着,我国并不认可征收后需要进行足额补偿。在我国与英国签订的《关于解决历史遗留的相互资产要求的协定》(1987 年 6 月 5 日在北京签订)中,针对历史遗留的资产要求——实际上也包括了中国政府对英国在华的投资所实施的征收,提供一定的补偿。根据该协定,中英之间通过一次性的付款,终结之后的追索,包括自行追索或者代表本国的自然人或法人追索 1980 年以前发生的求偿,这实际上相当于否定了全额赔偿的要求。我国《外商投资法》延续了关于征收补偿的标准的做法,明确了采用“及时”“公平”“合理”的标准,但具体尺度由《外商投资法实施条例》明确,即“按照被征收投资的市场价值及时给予补偿”,其综合效果相当于充分及时有效的补偿。

法律适用

济南海乐·西华泽食品有限公司(以下简称海乐食品公司)的前身

是德国赫尔曼·劳厄调味品有限公司于1996年与济南肉联厂在中国设立的合资企业,1999年转为德国独资企业。2004年6月,海乐食品公司迁入济南市历城区华山片区厂房,并发展成为国内知名的复合香辛料、食品添加剂和调味品企业。2014年9月11日,济南市人民政府作出济征告字(2014)9号房屋征收公告,决定征收华山片区改造项目国有土地上的房屋,范围为将军路以东,小清河以北,小清河以西,济青高速(北线)以南。该决定只限于以上范围中的国有土地,补偿按《华山片区改造项目房屋征收补偿方案》执行。据媒体报道,济南市华山街道片区改造项目是济南市历史上最大的单体拆迁改造项目,涉及土地面积14.69平方公里,23个村庄,自2013年7月正式启动拆迁,迄今仍有多户居民未达成拆迁协议。海乐食品公司的厂房位于拆迁范围之内,海乐食品公司不服征收决定,以被告济南市人民政府作出的济征告字(2014)9号房屋征收决定为诉讼标的,于2016年5月3日向济南市中级人民法院提起行政诉讼,请求依法撤销被告济南市人民政府作出的济征告字(2014)9号房屋征收决定。济南市中级人民法院于2016年7月19日作出(2016)鲁01行初296号行政裁定,驳回了海乐食品公司的诉讼请求。海乐食品公司向山东省高级人民法院上诉,山东省高级人民法院于2016年12月6日二审裁定驳回上诉,维持原裁定。其母公司海乐公司对中国法院判决不满,于是向ICSID提请仲裁。海乐公司诉中国案提出了一个引人关注的问题,即征收的补偿问题。法院显然认定《华山片区改造项目房屋征收补偿方案》满足适当补偿标准。倘若该案发生在2020年1月1日《外商投资法》生效之后,法院就必须审查该补偿方案是否满足被征收投资的市场价值标准。

条文内容

第二十一条　外国投资者在中国境内的出资、利润、资本收益、资产处置所得、知识产权许可使用费、依法获得的补偿或者赔偿、清算所得等，可以依法以人民币或者外汇自由汇入、汇出。

关联法律

《外汇管理条例》第十六条　境外机构、境外个人在境内直接投资，经有关主管部门批准后，应当到外汇管理机关办理登记。境外机构、境外个人在境内从事有价证券或者衍生产品发行、交易，应当遵守国家关于市场准入的规定，并按照国务院外汇管理部门的规定办理登记。

《外汇管理条例》第二十二条　资本项目外汇支出，应当按照国务院外汇管理部门关于付汇与购汇的管理规定，凭有效单证以自有外汇支付或者向经营结汇、售汇业务的金融机构购汇支付。国家规定应当经外汇管理机关批准的，应当在外汇支付前办理批准手续。依法终止的外商投资企业，按照国家有关规定进行清算、纳税后，属于外方投资者所有的人民币，可以向经营结汇、售汇业务的金融机构购汇汇出。

《外汇管理条例》第二十三条　资本项目外汇及结汇资金,应当按照有关主管部门及外汇管理机关批准的用途使用。外汇管理机关有权对资本项目外汇及结汇资金使用和账户变动情况进行监督检查。

《外商投资法实施条例》第二十二条　外国投资者在中国境内的出资、利润、资本收益、资产处置所得、取得的知识产权许可使用费、依法获得的补偿或者赔偿、清算所得等,可以依法以人民币或者外汇自由汇入、汇出,任何单位和个人不得违法对币种、数额以及汇入、汇出的频次等进行限制。外商投资企业的外籍职工和香港、澳门、台湾职工的工资收入和其他合法收入,可以依法自由汇出。

条文释义

本条系投资保护的核心条款,其以列举的方式,明确了外国投资者可自由汇入、汇出的资产类型,同时强调了外国投资者可以依法“自由汇出”。

我国最初关于外商投资企业的立法一般要求企业自行解决外汇收支平衡。早期我国外汇短缺,在引进外资的同时,如果不对外汇的流出加以管制,则会给外汇储备带来极大的压力。这是由当时的市场结构所决定的。早期外资企业往往需要进口生产原料,生产的产品也主要供应当地市场,外汇外流不可避免,因此政府就通过立法直接要求外资企业自身维持外汇平衡。其主要体现在以下两方面:一方面,政府允许外商投资企业全额保留外汇,通过开立外汇账户自主支配外汇收入,且要求企业必须利用自身的外汇收入满足日常的外汇需求,这就必然限制外商投资企业投资利润的汇出。同时,政府还对企业到外汇市场购买外汇进行入市资格审查,限制其购汇。在 1986 年发布的原《外资企业法》第 18 条第 3 款规定“外资企业应当自行解决外汇收支平衡”。为保证外资企业对外汇收支平衡的遵守,该法还明确了当外资企业的产品经有关主管机关批准在中国市场销售造成企业外汇收支不平衡时,批准其在中国市场销售的机关需要负责解决该问题。1988 年发布的原《中外合作经营企业法》第 20 条规定也作了同样的要求,但是在对主管机关的责任上,由“负责解决”转向“申请有关机关给予协助”。1990 年发布的原《外资企业法实施细则》第 3 条则从外资企业的设立条件出发,要求在设立外资企业时,公司应当符合“年出口产品的产值达到当年全部产品产值 50% 以上,实现外汇收支平衡或者有余的”的条件。即便是在关于外资汇出为数不多的规定中,也一般对汇出的资产类型进行严格限制,而这种限制实际上就是在保证收支平衡的前提下才准予汇出。例如,1983 年发布的《对侨资企业、外资企业、中外合资经营企业外汇管理施行细则》(已失效)第 13 条规定,侨资企业、外资企业、中外合资经营企业的华侨投资者或者外国投资者汇出境外的资产应当是“依法纳税后的纯利润和其他正当收益”,而不包含投资本身的资产。1995 年发布的《关于试办外商投资特许权项目审批管理有关问题的通知》第 3 条将汇出资产类型限制为“项目公司偿还贷款本金、利息和红利”。1995 年发布的国务院《关于股份有限公司境内上市外资股的规定》第 26 条将汇出资产类型定性为“境内上市外资股的股利和其他收益”。另一方面,政府又以间接规定的方式,比如,以当地成分要求、出口实绩要求来限制外商企业对外汇的使用。而且从 1981 年实施的《外汇管理暂行条例》(已失效)的规定来看,其第 22 条规定外商投资企业的一切外汇收入都必须存入中国银行;一切外汇支出,从其外汇存款中支付。其第23条又规定了这些外商企业在与中国境内的企业或者个人之间结算,除经外汇管理部门核准外,都应使用人民币。而对于这部分人民币利润,外汇管理部门并不提供外汇,这样其实也间接限制了外资企业将利润汇出。

可以看出,在2000年之前,我国对关于外商投资的汇出做了十分严格的管制,既体现在汇出资产类型的单一上,也体现在汇出程序的烦琐上。事实上,在这个历史阶段,外商投资涉及的外汇交易事项,比如开立各种外汇账户、前期费用账户资金的入账划转及支付结汇、对外商投资企业进行增资或减资、特殊用途的资本金结汇等,都需要事先获得外管局的批准或核准。从历史作用来看,外汇管制或者说外汇平衡政策在初期确实起到了稳定我国国际收支的作用。

在2001年前后,为了适应加入世界贸易组织的需要,我国不得不对外商投资企业的相关法律法规进行修订。《与贸易有关的投资措施协议》(Agreement on Trade-Related Investment Measures,TRIMs)是乌拉圭回合的一项重要成果。该协议的适用范围限于与货物贸易相关的不当投资措施,主要是指一国的投资措施如果违反了国民待遇原则并对货物贸易产生了限制和扭曲的影响,则需在协议规定的期限内予以取消。该协议明确规定了"各成员不得使用任何不符合关贸总协定第三条或第十一条"与货物贸易有关的投资措施,并列举了5项应予禁止的投资措施,其中主要是"当地成分要求"和"贸易平衡要求"两项。此外,根据国民待遇的一般含义,一些歧视性措施,比如当地股权要求、出口实绩要求等,也在应予取消之列。这样,我国原有的关于直接或间接要求外汇平衡的政策规定将与TRIMs相矛盾。

在这个背景下,我国必须完善外汇法律制度,使关于外汇管制的规则能够给予国内交易者与外资同等的待遇,取消国有和非国有的差别,将传统的中资、外资的管理思路转化为国际通行的居民、非居民的划分方式，以确保国民待遇原则的实现。因此，全国人大及其常委会对原外资三法作出部分修改，删除了关于实现外汇收支平衡的规定，使外商企业投资的汇出得以实现。

《外商投资法》本条关于"自由汇入、汇出"的表述，也强调了对外汇管理体系进一步完善和简化的要求。外汇管理规定的简化既是对外国投资者在中国境内投资、收益进行保护的体现，也代表了投资便利化程度的提高。2012 年 11 月，外管局公布《关于进一步改进和调整直接投资外汇管理政策的通知》(汇发〔2012〕59 号，以下简称 59 号文)。59 号文取消了外商直接投资大部分常规性外汇业务的事前核准，改由外管局对有关外汇信息进行登记，再由银行根据登记信息办理相关外汇业务。2013 年 5 月，外管局印发《外国投资者境内直接投资外汇管理规定》(汇发〔2013〕21 号，以下简称 21 号文)。21 号文在 59 号文的基础上，就外商直接投资的外汇管理作了进一步梳理和规范，并对外商直接投资涉及的外汇事项全面实行登记管理。2015 年 2 月 13 日，外管局公布了《关于进一步简化和改进直接投资外汇管理政策的通知》(汇发〔2015〕13 号，以下简称 13 号文)。13 号文延续了外管局近年来简化外商直接投资外汇管理的趋势，并将《支持中国(上海)自由贸易试验区建设外汇管理实施细则》(上海汇发〔2014〕26 号)在银行层面进行外汇登记的试点做法扩大至全国范围。因此，在 13 号文实施之后，59 号文和 21 号文有关在外管局办理外商直接投资外汇登记的所有规定将不再适用，外国投资者或外商投资企业可以选择在有资质的银行直接办理外汇登记事项，银行根据登记信息办理相关外汇业务。外管局则通过银行对外商直接投资外汇登记实施间接监管。13 号文的上述改革措施实质上取消了外管局对外商直接投资相关外汇交易事项的事前行政审批，这将极大便利企业涉及外汇交易的经营活动。

法律适用

本条列明的外国投资者可以汇出的资产类型,相比以往更丰富,甚至超过了中国当前对外签订的双边投资协定中的标准。对于投资者在履行全部纳税义务后可以汇出的与投资有关的款项,在双边投资协定中主要由五方面的内容构成,包括收益、投资的全部或部分清算款项,与投资有关的贷款协定的支付,技术援助、技术服务和管理费的支付,进行与投资有关的工作、服务的工资和其他酬金。中国在与乌克兰以及中国与白俄罗斯之间签订的《关于鼓励和相互保护投资协定》中都采取了类似表述。《外商投资法》第 21 条以罗列的方式尽可能涵盖了外国投资者可能获得收入的途径,这也意味着该条款对于外资的汇入汇出是抱着尽量不予以限制的态度的。另外,近年来,我国涉及外国直接投资的外汇管理规定不断简化,境内外国直接投资项下外汇登记核准以及直接投资外汇年检均已取消,投资便利化程度不断提高。然而,在具体的案例实践中,应注意汇兑必须依法,比如包括外国投资者依法履行纳税义务作为自由汇出的前提条件。

案例 1:河南省高级人民法院在郑州荣某某电能源有限公司、远地发展有限公司债权人代位权纠纷再审审查与审判监督民事裁定书[(2021)豫民申 601 号]中认定:"依据《中华人民共和国外商投资法》第二十一条的规定,远地公司本案诉请的投资红利及损失补偿系远地公司直接在中国境内投资应取得的合法利益,受《中华人民共和国外商投资法》保护。"

案例 2:2007 年,X 餐饮公司在英属开曼群岛注册成立 SPV(特殊目的公司),全资拥有同期成立的香港 X 餐饮公司,而香港 X 餐饮公司则拥有X餐饮公司在境内开展业务的实体机构。该SPV于2010年在美股上市。李某夫妇当时作为中国公民通过该SPV返程投资X餐饮公司,并按规定办理了境内居民通过特殊目的公司返程投资外汇登记。然而,2012年,作为X餐饮公司实际控制人的李某夫妇移民新加坡,这导致他们不再拥有境内居民身份而成为外国投资者,李某夫妇既未办理外商直接投资的变更登记,也未办理直接投资外汇登记。外管局认为李某夫妇的移民使其不再符合返程投资相关规定,应适用外商直接投资。而外商直接投资企业必须在银行办理直接投资外汇登记后,方可办理后续直接投资相关账户开立、资金汇兑等业务(含利润、红利汇出或汇回)和手续,但李某夫妇却并未按规定办理外商直接投资登记及相关外汇管理手续。2016~2017年,X餐饮公司实际控制人未按规定办理境外投资外汇登记及变更登记,违规向境外母公司汇出利润,金额合计885.99万美元。该行为违反《外汇管理条例》第16条之规定,构成逃汇行为。根据《外汇管理条例》第39条的规定,处以罚款人民币302万元。处罚信息纳入中国人民银行征信系统。如果本案发生在2020年1月1日之后,李某夫妇的投资利润应可按《外商投资法》第21条的规定依法汇出,X餐饮公司实际控制人未办理境外投资外汇登记及变更登记下的利润汇兑行为应不构成非法汇兑的逃汇行为。

条文内容

第二十二条　国家保护外国投资者和外商投资企业的知识产权,保护知识产权权利人和相关权利人的合法权益;对知识产权侵权行为,严格依法追究法律责任。

国家鼓励在外商投资过程中基于自愿原则和商业规则开展技术合

作。技术合作的条件由投资各方遵循公平原则平等协商确定。行政机关及其工作人员不得利用行政手段强制转让技术。

关联法律

《商标法》第十七条　外国人或者外国企业在中国申请商标注册的,应当按其所属国和中华人民共和国签订的协议或者共同参加的国际条约办理,或者按对等原则办理。

《专利法》第十七条　在中国没有经常居所或者营业所的外国人、外国企业或者外国其他组织在中国申请专利的,依照其所属国同中国签订的协议或者共同参加的国际条约,或者依照互惠原则,根据本法办理。

《著作权法》第二条第二款至第四款　外国人、无国籍人的作品根据其作者所属国或者经常居住地国同中国签订的协议或者共同参加的国际条约享有的著作权,受本法保护。外国人、无国籍人的作品首先在中国境内出版的,依照本法享有著作权。未与中国签订协议或者共同参加国际条约的国家的作者以及无国籍人的作品首次在中国参加的国际条约的成员国出版的,或者在成员国和非成员国同时出版的,受本法保护。

《外商投资法实施条例》第二十三条　国家加大对知识产权侵权行为的惩处力度,持续强化知识产权执法,推动建立知识产权快速协同保护机制，健全知识产权纠纷多元化解决机制，平等保护外国投资者和外商投资企业的知识产权。标准制定中涉及外国投资者和外商投资企业专利的，应当按照标准涉及专利的有关管理规定办理。

《外商投资法实施条例》第二十四条　行政机关（包括法律、法规授权的具有管理公共事务职能的组织，下同）及其工作人员不得利用实施行政许可、行政检查、行政处罚、行政强制以及其他行政手段，强制或者变相强制外国投资者、外商投资企业转让技术。

国务院《关于进一步优化外商投资环境加大吸引外商投资力度的意见》（国发〔2023〕11 号）第（十）点　强化知识产权行政保护。完善专利侵权纠纷行政裁决制度，加大行政裁决执行力度。支持各地区依托展会知识产权工作站，受理参展产品版权、专利、商标等知识产权申请，提供有效预防侵权措施。加强药品和医用耗材采购领域知识产权保护，企业参加采购活动须自主承诺不存在违反专利法等法律法规的情形。对涉及知识产权纠纷的产品，有关部门要加强沟通会商，依法依规开展采购活动；对经知识产权部门行政裁决或人民法院生效判决认定为专利侵权的产品，及时采取不予采购、取消中选资格等措施。

国务院《关于进一步优化外商投资环境加大吸引外商投资力度的意见》（国发〔2023〕11 号）第（十一）点　加大知识产权行政执法力度。坚决打击侵犯外商投资企业知识产权行为，针对跨区域、链条化侵权违法行为开展专项执法行动。健全知识产权快速协同保护机制，对事实清楚、证据确凿的案件依法加快办理进度，建立完善线上线下一体化执法机制，适当简化程序性要求。

国务院办公厅《关于印发〈扎实推进高水平对外开放更大力度吸引和利用外资行动方案〉的通知》（国办发〔2024〕9号）第（二十一）点　加强知识产权保护。对接国际高标准知识产权规则，完善知识产权保护规定，加快建设国家知识产权保护信息平台，加强商业秘密保护制度建设，深入实施知识产权行政保护工作方案。聚焦重点领域、关键环节，加大涉外商投资企业知识产权保护力度。加大对侵犯知识产权案件的查处力度，坚决打击、惩治侵犯外商投资企业知识产权行为。

条文释义

本条强调了国家对外国投资者知识产权的保护。下面分款释义。

从该条第1款内容来看，保护知识产权以及声明对知识产权侵权行为追究法律责任，都没有提出比其他法律更高的保护标准，因此第1款内容更多的是一种对保护外国投资者和外商投资企业知识产权的宣示。

就我国知识产权保护水平整体而言，我国加入了主要的知识产权保护多边公约，例如，《与贸易有关的知识产权协定》《巴黎公约》《伯尔尼公约》《马德里协定》等，知识产权保护水平不低于公约要求。回顾我国立法进程，我国过去在知识产权领域系被动立法，立法内容及框架均直接来源于公约，即便如此我国亦早已经形成完整的知识产权法律体系，即以《著作权法》《专利法》《商标法》《反不正当竞争法》《刑法》为主，辅之以其他实施条例和保护条例，以及地方性法规、自治条例、知识产权行政规章、相关司法解释等。

事实上，为了促进外资增长，我国在外商投资领域的知识产权保护还曾采取了一些专项落实措施。国务院《关于进一步优化外商投资环境加大吸引外商投资力度的意见》（国办发〔2023〕11 号）第（十一）点要求“加大知识产权行政执法力度。坚决打击侵犯外商投资企业知识产权行为，针对跨区域、链条化侵权违法行为开展专项执法行动。健全知识产权快速协同保护机制，对事实清楚、证据确凿的案件依法加快办理进度，建立完善线上线下一体化执法机制，适当简化程序性要求”。国务院办公厅《关于印发〈扎实推进高水平对外开放更大力度吸引和利用外资行动方案〉的通知》（国办发〔2024〕9 号）第（二十一）点除了要求“加强知识产权保护。对接国际高标准知识产权规则，完善知识产权保护规定，加快建设国家知识产权保护信息平台，加强商业秘密保护制度建设，深入实施知识产权行政保护工作方案”，还规定“聚焦重点领域、关键环节，加大涉外商投资企业知识产权保护力度。加大对侵犯知识产权案件的查处力度，坚决打击、惩治侵犯外商投资企业知识产权行为”。

从本条第 2 款内容来看，其意在表明中国从立法层面欢迎有技术的投资者来华投资，中国政府声明不会利用行政手段强制转让技术。但这一声明却被不少人认为系中国对于过去存在强制技术转让的“不打自招”，这应是一种曲解。

改革开放后，我国处于经济高速发展中，对于技术的需求极为迫切，我国原外资三法均在第 1 条明确表明立法目的包括“扩大国际经济合作和技术交流”。在 2008 年以后，以《国家知识产权战略纲要》的制定为标志,国家开始进行战略规划和整体推进,并陆续推行知识产权强国战略和创新驱动发展战略,通过政府力量支持企业通过原始创新、集成创新和引进消化吸收再创新,形成自主知识产权,并支持企业等市场主体在境外取得知识产权。相应地,地方实践可能会借助外国资本进入的机会,提出技术合作的要求。原本,国内企业这种以"市场"换"技术"的合作,并没有什么不妥当,但是从美国、欧盟在 WTO 对中国知识产权相关措施的申诉就会发现,申诉主要针对的是中国在技术引进中的措施,其认为中国违反了在入世议定书第 7 条中不以技术转让要求为前提批准外资准入的承诺。

我国于 2019 年 3 月 2 日对《技术进出口管理条例》进行了修订,删除了"改进技术的成果属于改进方"的表述,也删除了"技术进口合同的受让人按照合同约定使用让与人提供的技术,侵害他人合法权益的,由让与人承担责任"的规定。而外商投资方关注的一些区别对待条款,例如原外资三法及其实施细则中对外商作为出资的技术的要求、外商投资企业技术引进合同必须报批等规定,也在《外商投资法》2020 年 1 月 1 日生效之后归于无效。因此,本款的内容一方面是为了回应外国投资者的关切,澄清问题消除疑虑,另一方面也在原则上表明了中国不利用行政手段强制转让技术的态度,从而吸引更多外商投资。

法律适用

从法教义学的解释视角看,本条展示的知识产权保护内容主要从合法权益保护、严格追究侵权法律责任、鼓励开展技术合作以及禁止强制转让技术四个方面进行法律规制。本条将外商投资知识产权的保护对象划分为两类主体:其一,保护外国投资者和外商投资企业的知识产权。

这里的外国投资者也包括了外国自然人、法人以及非法人实体。其二,保护知识产权权利人和相关权利人的合法权益。这表明法律不仅保护知识产权权利人的合法权益,还保护知识产权权利相关人的合法权益。合法权益不仅包含权利,还包含尚未形成权利的经济性利益。本条明确表明要严格依法追究知识产权侵权人的法律责任,严厉打击知识产权侵权行为,这体现了国家对外商投资知识产权从严保护的积极态度。本条还规定中外开展技术合作应当遵循自愿原则和商业规则,鼓励遵循公平原则平等协商确定技术合作的条件。这与民法中各民事主体遵循平等、自愿、公平原则开展民事活动的精神实质较为一致。这无疑有利于保护投资双方的合法权益,有利于中方通过合法途径开展技术合作以提升自身技术水平。此外,本条还确定了一个核心原则,即禁止行政机关及其工作人员利用行政手段强制转让技术。这有利于打消外商投资者和外国政府对中国知识产权保护的顾虑。

广东省广州市中级人民法院在廷汉(上海)贸易有限公司、陈某名誉权纠纷二审民事判决书[(2020)粤01民终3367号]中认为,廷汉公司为全外资企业,格兰花格在全球名誉排名中位居前列,应依照《外商投资法》第22条和《外商投资法实施条例》第23条规定给予相应知识产权保护。

条文内容

第二十三条　行政机关及其工作人员对于履行职责过程中知悉的外国投资者、外商投资企业的商业秘密,应当依法予以保密,不得泄露或者非法向他人提供。

关联法律

《技术进出口管理条例》第四十一条　国务院外经贸主管部门和有关部门及其工作人员在履行技术进口管理职责中，对国家秘密和所知悉的商业秘密负有保密义务。

司法部《关于强化行政许可过程中商业秘密和保密商务信息保护的指导意见（征求意见稿）》

1998 年修订的《关于禁止侵犯商业秘密行为的若干规定》（国家工商行政管理局令第 86 号）第十条　国家机关及其公务人员在履行公务时，不得披露或者允许他人使用权利人的商业秘密。

工商行政管理机关的办案人员在监督检查侵犯商业秘密的不正当竞争行为时，应当对权利人的商业秘密予以保密。

《外商投资法实施条例》第二十五条　行政机关依法履行职责，确需外国投资者、外商投资企业提供涉及商业秘密的材料、信息的，应当限定在履行职责所必需的范围内，并严格控制知悉范围，与履行职责无关的人员不得接触有关材料、信息。行政机关应当建立健全内部管理制度，采取有效措施保护履行职责过程中知悉的外国投资者、外商投资企业的商业秘密；依法需要与其他行政机关共享信息的，应当对信息中含有的商业秘密进行保密处理，防止泄露。

条文释义

本条是对行政机关工作人员保密义务的规定,在本法第39条还规定了相应的法律责任。这两处规定系在代表们的提议下,经过全国人大宪法和法律委员会研究,在2019年3月12日提交审议的文本中新增的条款。这体现了我国立法程序的民主,也体现了立法机构对保护外商投资企业商业秘密这一问题的肯定态度。

1993年我国《反不正当竞争法》第一次明确规定商业秘密的定义,该法在2017年修订时对定义进行了完善,2019年《反不正当竞争法》修正后将商业秘密定义为不为公众所知悉、具有商业价值并经权利人采取相应保密措施的技术信息、经营信息等商业信息,增加了兜底性描述,使商业秘密的保护范围更加灵活,与《刑法》第219条侵犯商业秘密罪中对商业秘密的定义内容上大体相同。故此,现今我国法律体系中,商业秘密的概念是指不为公众所知悉、具有商业价值并经权利人采取相应保密措施的技术信息和经营信息等商业信息。① 这一定义与《与贸易有关的知识产权协定》第39条第2款的定义基本一致,均体现出3个条件:第一,属于秘密;第二,因其属于秘密而具有商业价值;第三,合法控制该信息之人,为保密已经根据有关情况采取了合理措施。

在原《民法总则》出台以前,我国就已经依据原《侵权责任法》和《反不正当竞争法》的有关规定对商业秘密加以保护,并设定了民事责任、行政责任、刑事责任。2017年原《民法总则》颁布,其第123条正式将商业秘密纳入知识产权范围内。这代表我国正在进一步积极履行加入WTO

---

① 参见《反不正当竞争法》(2019年修正)第9条。

的承诺,积极落实 TRIPs 协议的救济途径要求。虽然我国现今并未出台专门的商业秘密保护法,但我国的相关保护商业秘密的制度是完整的。

此外,由于商业秘密具有经济价值,《行政许可法》第 5 条明确将商业秘密排除在公开范围之列;《政府信息公开条例》第 15 条规定商业秘密不公开,除非因不公开将导致重大公共利益受损;《民事诉讼法》第 137 条和第 71 条规定,涉及商业秘密的案件可以申请不公开审理,公开审理的涉及商业秘密的证据也一律不得公开出示。

除上述保护外,投资者在设立及经营过程中,因必要而接受行政机关的监督,在行政机关工作人员履职过程中其很有可能轻松获得商业秘密的内容,由于商业秘密具有巨大的经济价值,故我国在立法中也有对行政机关工作人员保密义务的规定,尤其是涉及对外贸易领域。我国早在 1994 年版的《对外贸易法》第 14 条中就规定了有关部门保守商业秘密的义务,2004 年修订时将保守商业秘密的义务的主体不仅明确为机关单位,更明确其工作人员亦负有保密义务,现行有效的 2022 年修正版亦沿用了相关表述。此外,《进出口商品检验法》第 10 条第 2 款也规定,“国家商检部门和商检机构的工作人员在履行进出口商品检验的职责中,对所知悉的商业秘密负有保密义务”。《外商投资法》生效以后,在外商投资领域,我国亦将全方位保护外商投资者的商业秘密,让优质投资者放心来华投资。

法律适用

该条明确要求行政机关及其工作人员在依法履职的过程中对于知悉的外国投资者、外商投资企业的商业秘密负有保密义务,其义务内容为不得对外泄露或者不得向他人非法提供知悉的商业秘密。行政机关及其工作人员违反此项义务将被追究法律责任。这里存在一个问题,即商业秘密保护和政府信息公开之间的张力问题，实际上也是政府在《政府信息公开条例》中的公开信息的义务和本条中的保护其在行政执法过程中获得的外商投资企业商业秘密义务的关系。假定行政机关在得到第三方举报后依法调查某外商投资企业可能的违法行为时，获得了该外商投资企业的某些信息，如果第三方举报者申请行政机关公开信息，行政机关能否以有关信息涉及商业秘密且持有该商业秘密的外商投资企业不同意公开为由不予公开呢？

《政府信息公开条例》第 15 条规定，行政机关不得公开涉及商业秘密、个人隐私等公开会对第三方合法权益造成损害的政府信息。但是，第三方同意公开或者行政机关认为不公开会对公共利益造成重大影响的予以公开。因此，只要是行政机关认定不公开涉及外商投资企业商业秘密的政府信息可能对公共利益造成重大影响，即使权利人不同意也可以公开涉及外商投资企业商业秘密的政府信息。换言之，这里行政机关需要在公开涉及商业秘密的政府信息对外商投资企业私人利益的影响与不公开此类政府信息给公众利益带来的影响之间作个评估。如果是不予公开将明显侵犯公民知情权、监督权乃至其他合法权益的信息，且对于公共利益的影响明显大于对第三方经济利益的影响，那么这类信息就不应作为外商投资企业的商业秘密予以保护，而可依法要求公开。

条文内容

第二十四条　各级人民政府及其有关部门制定涉及外商投资的规范性文件，应当符合法律法规的规定；没有法律、行政法规依据的，不得减损外商投资企业的合法权益或者增加其义务，不得设置市场准入和退出条件，不得干预外商投资企业的正常生产经营活动。

关联法律

《行政许可法》第十二条　下列事项可以设定行政许可：

（一）直接涉及国家安全、公共安全、经济宏观调控、生态环境保护以及直接关系人身健康、生命财产安全等特定活动，需要按照法定条件予以批准的事项；

（二）有限自然资源开发利用、公共资源配置以及直接关系公共利益的特定行业的市场准入等，需要赋予特定权利的事项；

（三）提供公众服务并且直接关系公共利益的职业、行业，需要确定具备特殊信誉、特殊条件或者特殊技能等资格、资质的事项；

（四）直接关系公共安全、人身健康、生命财产安全的重要设备、设施、产品、物品，需要按照技术标准、技术规范，通过检验、检测、检疫等方式进行审定的事项；

（五）企业或者其他组织的设立等，需要确定主体资格的事项；

（六）法律、行政法规规定可以设定行政许可的其他事项。

《行政许可法》第十四条第一款　本法第十二条所列事项，法律可以设定行政许可。尚未制定法律的，行政法规可以设定行政许可。

《行政许可法》第十五条　本法第十二条所列事项，尚未制定法律、行政法规的，地方性法规可以设定行政许可；尚未制定法律、行政法规和地方性法规的，因行政管理的需要，确需立即实施行政许可的，省、自治区、直辖市人民政府规章可以设定临时性的行政许可。临时性的行政许可实施满一年需要继续实施的，应当提请本级人民代表大会及其常务委员会制定地方性法规。地方性法规和省、自治区、直辖市人民政府规章，不得设定应当由国家统一确定的公民、法人或者其他组织的资格、资质的行政许可；不得设定企业或者其他组织的设立登记及其前置性行政许可。其设定的行政许可，不得限制其他地区的个人或者企业到本地区从事生产经营和提供服务，不得限制其他地区的商品进入本地区市场。

《行政许可法》第十六条　行政法规可以在法律设定的行政许可事项范围内，对实施该行政许可作出具体规定。地方性法规可以在法律、行政法规设定的行政许可事项范围内，对实施该行政许可作出具体规定。规章可以在上位法设定的行政许可事项范围内，对实施该行政许可作出具体规定。法规、规章对实施上位法设定的行政许可作出的具体规定，不得增设行政许可；对行政许可条件作出的具体规定，不得增设违反上位法的其他条件。

《外商投资法实施条例》第二十六条　政府及其有关部门制定涉及外商投资的规范性文件，应当按照国务院的规定进行合法性审核。外国投资者、外商投资企业认为行政行为所依据的国务院部门和地方人民政府及其部门制定的规范性文件不合法,在依法对行政行为申请行政复议或者提起行政诉讼时,可以一并请求对该规范性文件进行审查。

国务院办公厅《关于全面推行行政规范性文件合法性审核机制的指导意见》(国办发〔2018〕115号)

《公平竞争审查条例》(国务院令第783号)第八条　起草单位起草的政策措施,不得含有下列限制或者变相限制市场准入和退出的内容:

(一)对市场准入负面清单以外的行业、领域、业务等违法设置审批程序;

(二)违法设置或者授予特许经营权;

(三)限定经营、购买或者使用特定经营者提供的商品或者服务(以下统称商品);

(四)设置不合理或者歧视性的准入、退出条件;

(五)其他限制或者变相限制市场准入和退出的内容。

《公平竞争审查条例》(国务院令第783号)第十一条　起草单位起草的政策措施,不得含有下列影响生产经营行为的内容:

(一)强制或者变相强制经营者实施垄断行为,或者为经营者实施垄断行为提供便利条件;

(二)超越法定权限制定政府指导价、政府定价,为特定经营者提供优惠价格;

(三)违法干预实行市场调节价的商品、要素的价格水平;

（四）其他影响生产经营行为的内容。

国家市场监督管理总局《制止滥用行政权力排除、限制竞争行为暂行规定》（国家市场监督管理总局令第64号）

条文释义

本条前半段系从正面划定各级人民政府及其有关部门制定权的边界，意在强调规范性文件的合法性；后半段系从反面约束公权力不得私自给外商投资企业在竞争中造成劣势，明确列举了减损合法权益、增加义务、设置准入与退出条件、干预正常经营这几种形式，意在强调规范性文件应当保障市场竞争的公平性。

本条规定，在外商投资的规范性文件中，减损外商投资企业的合法权益或者增加其义务、设置市场准入和退出条件、干预外商投资企业的正常生产经营活动，必须有“法律、行政法规依据”。据此，只有按照国务院的决定和命令，才能在涉及政策承诺的规范性文件中减损内资企业享有的包括政策承诺在内的合法权益或增加其义务等，但不能减损外商投资企业、外国投资者包括政策承诺在内的合法权益或者增加其义务等。换言之，对外资政策承诺提供更高水平的保护，依法减损外资政策承诺的要求也更加严格，必须有法律与行政法规依据。

本条规定的实质是将地方政府设定市场准入退出条件的权力收归中央层级。此举能够有效消除地方保护壁垒，维护良好区域市场公平竞争秩序。但基于央地外资治理考量差异及外商投资灵活逐利等特性，中央权限的统合收紧仍应充分考虑到地方市场监管能力的参差现状及本土产业培育扶持的现实需求，就地方市场准入退出权限或宜采取更为灵活宽松的授权措施，适当赋予地方政府市场划定权限，从而为地方合理的产业政策推行提供良好的法理支撑。

法律适用

在《外商投资法》出台以前，我国关于外商投资的法律体系包括原外资三法及大量行政法规、部门规章、地方性法规及规章、其他政策性文件等，内容庞杂且存在诸多矛盾之处。《外商投资法》生效后，我国将面临大量的法律法规及其他规范性文件的"废、改、立"工作，这一过程应经过"规范性文件合法性审核机制"和"公平竞争审查机制"的检验。相信待相关工作完成后，我国将建立起全新的保障公平竞争的外商投资法体系，届时各级人民政府及其有关部门制定的规范性文件的层级性质将更加明确，且上下位文件内容将保持统一性和协调性。

当下，我国有三个机制与本条规定相匹配：

国务院办公厅《关于全面推行行政规范性文件合法性审核机制的指导意见》(国办发〔2018〕115 号)明确规定：(1)各地区、各部门要结合工作实际，从制定主体、公文种类、管理事项等方面，确定纳入规范性文件合法性审核的标准和范围，编制规范性文件制定主体清单，明确规范性文件的公文种类，列明规范性文件管理事项类别。凡涉及公民、法人和其他组织权利义务的规范性文件，均要纳入合法性审核范围，确保实现全覆盖，做到应审必审。(2)各级人民政府及其部门要明确具体承担规范性文件合法性审核工作的部门或者机构。(3)各地区、各部门要根据实际情况确定规范性文件合法性审核程序，明确起草单位、制定机关办公机构及审核机构的职责权限，严格执行材料报送、程序衔接、审核时限等工作要求。(4)要充分发挥合法性审核机制对确保规范性文件合法有效的把关作用,不得以征求意见、会签、参加审议等方式代替合法性审核。未经合法性审核或者经审核不合法的文件,不得提交集体审议。审核机构未严格履行审核职责导致规范性文件违法,造成严重后果的,依纪依法追究有关责任人员的责任;未经合法性审核或者不采纳合法性审核意见导致规范性文件违法,造成严重后果的,依纪依法追究有关责任人员的责任。

《制止滥用行政权力排除、限制竞争行为规定》(国家市场监督管理总局令第64号)是为了预防和制止滥用行政权力排除、限制竞争行为,根据《反垄断法》而制定的,其要求行政机关和法律、法规授权的具有管理公共事务职能的组织不得滥用行政权力,限定或者变相限定单位或者个人经营、购买、使用其指定的经营者提供的商品或者服务①,妨碍商品在地区之间的自由流通。② 该规定还要求行政机关和法律、法规授权的

---

① 《制止滥用行政权力排除、限制竞争行为规定》(国家市场监督管理局令第64号)第4条规定了行政机关和法律、法规授权的具有管理公共事务职能的组织不得滥用行政权力实施以下行为:“(一)以明确要求、暗示、拒绝或者拖延行政审批、备案、重复检查、不予接入平台或者网络等方式,限定或者变相限定经营、购买、使用特定经营者提供的商品;(二)通过限制投标人所在地、所有制形式、组织形式等方式,限定或者变相限定经营、购买、使用特定经营者提供的商品;(三)通过设置不合理的项目库、名录库、备选库、资格库等方式,限定或者变相限定经营、购买、使用特定经营者提供的商品;(四)限定或者变相限定单位或者个人经营、购买、使用其指定的经营者提供的商品的其他行为。”

② 《制止滥用行政权力排除、限制竞争行为规定》(国家市场监督管理局令第64号)第6条规定了行政机关和法律、法规授权的具有管理公共事务职能的组织不得滥用行政权力实施的妨碍商品在地区之间自由流通的几种行为:“(一)对外地商品设定歧视性收费项目、实行歧视性收费标准,或者规定歧视性价格、实行歧视性补贴政策;(二)对外地商品规定与本地同类商品不同的技术要求、检验标准,或者对外地商品采取重复检验、重复认证等歧视性技术措施,阻碍、限制外地商品进入本地市场;(三)采取专门针对外地商品的行政许可,或者对外地商品实施行政许可时,设定不同的许可条件、程序、期限等,阻碍、限制外地商品进入本地市场;(四)设置关卡、通过软件或者互联网设置屏蔽等手段,阻碍、限制外地商品进入或者本地商品运出;(五)妨碍商品在地区之间自由流通的其他行为。”

具有管理公共事务职能的组织不得滥用行政权力，通过与经营者签订合作协议、备忘录等方式，妨碍其他经营者进入相关市场或者对其他经营者实行不平等待遇，排除、限制竞争。

与此同时，国家市场监督管理总局开始了公平竞争审查工作。国务院于2024年6月6日发布《公平竞争审查条例》(国务院令第783号)。该条例规定，起草单位起草的政策措施，应当符合以下要求：一是不得含有限制或者变相限制市场准入和退出的内容；二是不得含有限制商品和要素自由流动的内容；三是没有法律、行政法规依据或者未经国务院批准，不得含有影响生产经营成本的内容；四是不得含有影响生产经营行为的内容。此外，起草单位起草的政策措施，具有或者可能具有排除、限制竞争效果，但有为维护国家安全和发展利益，为促进科学技术进步、增强国家自主创新能力，或者为实现节约能源、保护环境、救灾救助等社会公共利益等规定情形的，且没有对公平竞争影响更小的替代方案，并能够确定合理的实施期限或者终止条件的，可以出台。

从以上3部法规内容可以推定，它们对《外商投资法》第18条涉及的县级以上地方人民政府制定外商投资促进和便利化政策的权力之运用将起到严密的规范作用。

条文内容

第二十五条　地方各级人民政府及其有关部门应当履行向外国投资者、外商投资企业依法作出的政策承诺以及依法订立的各类合同。

因国家利益、社会公共利益需要改变政策承诺、合同约定的，应当依照法定权限和程序进行，并依法对外国投资者、外商投资企业因此受到的损失予以补偿。

关联法律

《外商投资法实施条例》第二十七条　外商投资法第二十五条所称政策承诺，是指地方各级人民政府及其有关部门在法定权限内，就外国投资者、外商投资企业在本地区投资所适用的支持政策、享受的优惠待遇和便利条件等作出的书面承诺。政策承诺的内容应当符合法律、法规规定。

《外商投资法实施条例》第二十八条　地方各级人民政府及其有关部门应当履行向外国投资者、外商投资企业依法作出的政策承诺以及依法订立的各类合同，不得以行政区划调整、政府换届、机构或者职能调整以及相关责任人更替等为由违约毁约。因国家利益、社会公共利益需要改变政策承诺、合同约定的，应当依照法定权限和程序进行，并依法对外国投资者、外商投资企业因此受到的损失及时予以公平、合理的补偿。

《优化营商环境条例》（国务院令第722号）第三十一条　地方各级人民政府及其有关部门应当履行向市场主体依法作出的政策承诺以及依法订立的各类合同，不得以行政区划调整、政府换届、机构或者职能调整以及相关责任人更替等为由违约毁约。因国家利益、社会公共利益需要改变政策承诺、合同约定的，应当依照法定权限和程序进行，并依法对市场主体因此受到的损失予以补偿。

《公平竞争审查条例》(国务院令第783号)第十条 起草单位起草的政策措施,没有法律、行政法规依据或者未经国务院批准,不得含有下列影响生产经营成本的内容:

(一)给予特定经营者税收优惠;

(二)给予特定经营者选择性、差异化的财政奖励或者补贴;

(三)给予特定经营者要素获取、行政事业性收费、政府性基金、社会保险费等方面的优惠;

(四)其他影响生产经营成本的内容。

最高人民法院《关于审理行政协议案件若干问题的规定》(法释〔2019〕17号)第四条第一款 因行政协议的订立、履行、变更、终止等发生纠纷,公民、法人或者其他组织作为原告,以行政机关为被告提起行政诉讼的,人民法院应当依法受理。

最高人民法院《关于审理行政协议案件若干问题的规定》(法释〔2019〕17号)第十一条 人民法院审理行政协议案件,应当对被告订立、履行、变更、解除行政协议的行为是否具有法定职权、是否滥用职权、适用法律法规是否正确、是否遵守法定程序、是否明显不当、是否履行相应法定职责进行合法性审查。原告认为被告未依法或者未按照约定履行行政协议的,人民法院应当针对其诉讼请求,对被告是否具有相应义务或者履行相应义务等进行审查。

最高人民法院《关于审理行政协议案件若干问题的规定》(法释〔2019〕17号)第十二条第一款　行政协议存在行政诉讼法第七十五条规定的重大且明显违法情形的,人民法院应当确认行政协议无效。

条文释义

本条系要求地方各级人民政府及其有关部门守约践诺的条款。地方各级政府及有关部门应当保障外商投资者及外商投资企业的可预期权益,与本法第20条禁止征收例外一样,规定仅在因国家利益或社会公共利益需要而不得已的情况下,才能改变政策承诺或合同约定,并要求由此给外国投资者、外商投资企业带来的损失应当进行补偿。

在过去,我国地方政府进行招商引资的过程,存在政策朝令夕改、新一届政府负责人对上届负责人作出的政策承诺不予认可、地方此前承诺被中央文件否定等情况,甚至有个别地方政府无理由违背此前订立的合同,导致外商投资者及投资企业经济受损,抱怨连连,来华投资积极性锐减。在此背景下,《外商投资法》不仅对政策制定的主体进行了权限法定的要求(第18条),保证了政策法规的严肃性和统一性,更在本条强调政府的诚实信用原则,提出了较高的承诺必守的履约要求。此二者构成了地方政府和有关部门行使公权力的两条红线:一是不得超出法定权限给予优惠措施,二是政府要守约践诺。

关于不得超出法定权限给予优惠的问题,在本书对第18条的释义和解读中已经进行了详细阐述,此处不再赘述。以下重点介绍一下我国政府在守约践诺方面的情况：

2013年党的十八大提出“加强政务诚信”，2014年《社会信用体系建设规划纲要（2014—2020年）任务分工》明确对“推动各地区、各部门逐步建立健全政务和行政承诺考核制度”进行了分工，各省级政府和各相应部门为落实主体。2016年6月国务院在《关于在市场体系建设中建立公平竞争审查制度的意见》中从政府维持市场公平竞争的角度，强调“完善政府守信机制，完善政务诚信约束和问责机制，加强公权力运行的社会监督和约束”。2016年11月中共中央、国务院公布《关于完善产权保护制度依法保护产权的意见》（中发〔2016〕28号），其从保护产权角度再次明确提出“大力推进法治政府和政务诚信建设”，并要求地方各级政府及有关部门要严格兑现向社会及行政相对人依法作出的政策承诺，认真履行在招商引资、政府与社会资本合作等活动中与投资主体依法签订的各类合同，不得以政府换届、领导人员更替等理由违约毁约，因违约毁约侵犯合法权益的，要承担法律和经济责任。同时，该意见也规定了因国家利益、公共利益或者其他法定事由需要改变政府承诺和合同约定的，要严格依照法定权限和程序进行，并对企业和投资人因此而受到的财产损失依法予以补偿。该意见将政务履约和守诺服务纳入政府绩效评价体系，建立政务失信记录，建立健全政府失信责任追究制度及责任倒查机制，加大对政务失信行为惩戒力度。《外商投资法》则在外商投资领域以基本法的形式强调对外资企业不能有歧视待遇，守约践诺是各地方政府和有关部门的法定责任。

在督促地方政府守约的同时，针对因超过法定权限而无法履约的优惠政策，国务院也尝试逐步进行清理。2014年，国务院发布《关于清理规范税收等优惠政策的通知》（国发〔2014〕62号），全面清理已有的各类税收等优惠政策。该通知要求各地区、各有关部门要开展一次专项清理，认真排查本地区、本部门制定出台的税收等优惠政策，特别要对与企业签订的合同、协议、备忘录、会议或会谈纪要以及“一事一议”形式的请示、报告和批复等进行全面梳理,摸清底数,确保没有遗漏。同时,该通知还要求通过专项清理,停止违反国家法律法规的优惠政策的执行,并发布文件予以废止。但由于实际清理工作比想象中更复杂,该清理工作未能顺利推进,2015 年国务院出台《关于税收等优惠政策相关事项的通知》(国发〔2015〕25 号)规定,各地与企业已签订合同中的优惠政策,继续有效;对已兑现的部分,不溯及既往,此前规定的税收等优惠政策清理工作,待今后另行部署后再进行。在 2016 年发布的《关于在市场体系建设中建立公平竞争审查制度的意见》(国发〔2016〕34 号)中,又明确继续推进该类政策的清理工作。该意见要求对于以往已经制定的规则,进行有序清理存量:按照“谁制定、谁清理”的原则,各级人民政府及所属部门对照公平竞争审查标准,对现行政策措施区分不同情况有序清理和废除妨碍全国统一市场和公平竞争的各种规定和做法。对市场主体反映比较强烈、问题暴露比较集中、影响比较突出的规定和做法,要尽快废止;对以合同协议等形式给予企业的优惠政策,以及部分立即终止会带来重大影响的政策措施,要设置过渡期,留出必要的缓冲空间;对已兑现的优惠政策,不溯及既往。

法律适用

《外商投资法》第 25 条对地方人民政府违约或违反承诺的责任之规定,具有重大意义。不可抗力因素包含国家法律及相关政策的变化影响。而地方人民政府领导人的更换以及随后产生的政策变化,在对外投资领域也往往被视作政治风险。一旦政策变化,易导致地方人民政府改变或撤销承诺,投资者能否提出赔偿,具有很大的不确定性。就此而言,

《外商投资法》的相关规定,不仅可以增强投资者的信心,更是对地方政府行政决策的一种约束。在有关外商投资的决策问题上,有必要对行政决策的过程进行全程记录,以便明确责任的依据。从另一角度看,该条款隐含投资促进可以通过政策承诺或合同等形式确定下来之意。这有利于地方人民政府在与具体的外国投资者进行招商引资谈判时,可以根据特定项目设置不同的政策和优惠。

此外,对于本条第 2 款规定的因不得已而改变政策承诺、合同约定的,应当以何种程序决策、补偿标准如何确定等问题尚不明确,这有待配套规则的出台。值得注意的是,本条的损失补偿与本法第 20 条关于征收和征用补偿的规定相比,其未作出“及时、公平、合理”的要求,但后续规则的制定仍应当遵循公平公正的原则,仍应当体现本法总则第 5 条的立法精神。

这里需要特别注意的是,县级以上人民政府在对外国投资者和潜在的外国投资者作出政策承诺时要避免与《公平竞争审查条例》的规定相抵触。2024 年 8 月 1 日起施行的《公平竞争审查条例》的第 10 条规定,没有法律、行政法规依据或者未经国务院批准,不得给予特定经营者税收优惠,实施选择性、差异化财政奖励或者补贴,也不得在要素获取、行政事业性收费等方面给予特定经营者优惠。这对县级以上人民政府依法作出政策承诺措施提出了严格的要求。

条文内容

第二十六条　国家建立外商投资企业投诉工作机制,及时处理外商投资企业或者其投资者反映的问题,协调完善相关政策措施。

外商投资企业或者其投资者认为行政机关及其工作人员的行政行

为侵犯其合法权益的，可以通过外商投资企业投诉工作机制申请协调解决。

外商投资企业或者其投资者认为行政机关及其工作人员的行政行为侵犯其合法权益的，除依照前款规定通过外商投资企业投诉工作机制申请协调解决外，还可以依法申请行政复议、提起行政诉讼。

关联法律

《外商投资法实施条例》第二十九条　县级以上人民政府及其有关部门应当按照公开透明、高效便利的原则，建立健全外商投资企业投诉工作机制，及时处理外商投资企业或者其投资者反映的问题，协调完善相关政策措施。国务院商务主管部门会同国务院有关部门建立外商投资企业投诉工作部际联席会议制度，协调、推动中央层面的外商投资企业投诉工作，对地方的外商投资企业投诉工作进行指导和监督。县级以上地方人民政府应当指定部门或者机构负责受理本地区外商投资企业或者其投资者的投诉。国务院商务主管部门、县级以上地方人民政府指定的部门或者机构应当完善投诉工作规则、健全投诉方式、明确投诉处理时限。投诉工作规则、投诉方式、投诉处理时限应当对外公布。

《外商投资法实施条例》第三十条　外商投资企业或者其投资者认为行政机关及其工作人员的行政行为侵犯其合法

权益，通过外商投资企业投诉工作机制申请协调解决的，有关方面进行协调时可以向被申请的行政机关及其工作人员了解情况，被申请的行政机关及其工作人员应当予以配合。协调结果应当以书面形式及时告知申请人。外商投资企业或者其投资者依照前款规定申请协调解决有关问题的，不影响其依法申请行政复议、提起行政诉讼。

《外商投资法实施条例》第三十一条　对外商投资企业或者其投资者通过外商投资企业投诉工作机制反映或者申请协调解决问题，任何单位和个人不得压制或者打击报复。除外商投资企业投诉工作机制外，外商投资企业或者其投资者还可以通过其他合法途径向政府及其有关部门反映问题。

《外商投资企业投诉工作办法》（商务部令第3号）

《行政复议法》第二条　公民、法人或者其他组织认为行政机关的行政行为侵犯其合法权益，向行政复议机关提出行政复议申请，行政复议机关办理行政复议案件，适用本法。前款所称行政行为，包括法律、法规、规章授权的组织的行政行为。

《行政诉讼法》第二条　公民、法人或者其他组织认为行政机关和行政机关工作人员的行政行为侵犯其合法权益，有权依照本法向人民法院提起诉讼。前款所称行政行为，包括法律、法规、规章授权的组织作出的行政行为。

条文释义

本条系外商投资企业及投资者的权利救济途径,其中投诉机制的建立是本法亮点之一。

本条第1款和第2款主要是从法律位阶层面确立关于外商投资企业及投资者的投诉工作机制,当外商投资企业和投资者在面临政府行为侵犯合法权益,如本法第23条关于政府违约补偿方面时,可以利用该投诉和救济渠道保护自己的利益。换言之,外商投资企业投诉工作机制也是构建中国各级政府与外商投资企业之间沟通渠道的一种方式,通过该投诉工作机制,可以保证各级政府和投资者对一些问题及时进行沟通、化解矛盾。

关于外商企业投诉中心的法律规定在我国有较长的历史。早在1989年上海市人民政府就颁布了《上海市外商投资企业投诉及处理办法》(已失效),该办法规定由上海市人民政府设立上海市外商投资企业投诉协调中心,指导全市外商投资企业的投诉及处理工作。2006年商务部颁布了《商务部外商投资企业投诉工作暂行办法》(已失效),该办法规定由全国外商投资企业投诉中心和地方各级政府具有受理职能的部门依据实际情况受理外商投资企业的投诉。我国部分省、自治区、直辖市也颁布了各自的关于外商投资企业投诉处理的具体地方性法规,设立了地方性外商企业投资中心,用以受理本辖区内的外商投诉。在实践中,我国也逐渐形成了外商投诉中心、外商投资企业协会、台商投诉协调处3种平台。

本条第3款除赋予外商投资者及外商投资企业寻求行政诉讼、行政复议的权利外,还明确了投诉工作机制与行政复议和行政诉讼之间的关系。投诉工作机制既不是行政复议和行政诉讼的前置程序,也不妨碍后续行政复议和行政诉讼的进行,甚至外商投资企业与投资者还可以一边投诉一边进行复议和诉讼。

值得注意的是,本条所提到的投诉工作机制并不等同于一般的纠纷解决机制。从该条款的内容来看,首先,其没有使用“纠纷”的字样,而是采用了“问题”的表述方式。这就意味着,投诉工作机制处理的问题范围,不一定限于纠纷,一些尚未上升到纠纷形式的问题,也可以通过该机制进行意见反馈。如《外商投资企业投诉工作办法》第2条所述:“(一)外商投资企业、外国投资者(以下统称投诉人)认为行政机关(包括法律、法规授权的具有管理公共事务职能的组织)及其工作人员(以下统称被投诉人)的行政行为侵犯其合法权益,向投诉工作机构申请协调解决的行为;(二)投诉人向投诉工作机构反映投资环境方面存在的问题,建议完善有关政策措施的行为。”故此,像“窗口办事效率、政务服务态度、材料告知情况、政策解答清晰度、业务实操水平”等较细节的问题,当然也在投诉范围之列。其次,该条款规定外商投资企业或者其投资者都可以作为投诉者。该表述方式强调了投诉主体并不一定是外资企业,这大大扩大了投诉工作机制的适用范围。在外商投资企业尚未成立,或者外资尚处在进入的阶段时,即便投资准入阶段尚不存在外商投资企业,投资者依然可以利用机制解决相关问题。该表述方式也意味着一些以非企业形式进行投资的投资者,也可以利用该机制。

另外需要说明的是,在投资争端解决机制面临诸多挑战以及我国发展多元化纠纷解决机制的背景下,投诉工作机制的构建有助于解决东道国与投资者之间的争议,并且在争议发生的较早阶段预防争议进一步恶化。

法律适用

根据《外商投资法》第 26 条和《外商投资法实施条例》，商务部于 2020 年先后发布《外商投资企业投诉工作办法》、《全国外商投资企业投诉中心办事指南》以及《全国外商投资企业投诉工作机构名录》，并要求各省(区、市)建立健全外商投资企业投诉工作机制。在商务部指导下，各省市相继出台了本地区投诉工作办法。其中，北京市商务局于 2021 年 9 月印发《北京市外商投资企业投诉工作管理办法(修订)》，对此前适用的 2019 年的《北京市外商投资企业投诉工作管理办法》进行以下三个方面的修订：一是将投诉人反映本市投资环境方面存在的问题、建议完善有关政策措施的行为，纳入投诉受理内容；二是进一步明确了市级投诉机构负责涉及市政府有关部门、区政府(含开发区管委会)的事项，区级投诉机构负责涉及各区政府(开发区管委会)有关部门、乡镇人民政府和街道办事处的事项，取消了 2019 年版关于上一级投诉工作机构向下一级转交投诉的规定；三是作出与商务部投诉工作办法保持一致的细节性修改。

此外，2022 年 1 月，广东省人民代表大会常务委员会表决通过《广东省外商投资权益保护条例》，这是全国首个以地方性法规形式出台的外商投资权益保护条例。该条例进一步明确了广东省人民政府商务主管部门以及地级以上市、县级人民政府指定的部门或者机构分级负责协调、处理相关投诉事项的工作职责，提出了 5 个工作日内决定是否受理、20 个工作日内办结的工作时限，并严格规定了外资权益保护工作直接责任人依法履职的责任。

条文内容

第二十七条　外商投资企业可以依法成立和自愿参加商会、协会。商会、协会依照法律法规和章程的规定开展相关活动，维护会员的合法权益。

关联法律

《外商投资法实施条例》第三十二条　外商投资企业可以依法成立商会、协会。除法律、法规另有规定外，外商投资企业有权自主决定参加或者退出商会、协会，任何单位和个人不得干预。商会、协会应当依照法律法规和章程的规定，加强行业自律，及时反映行业诉求，为会员提供信息咨询、宣传培训、市场拓展、经贸交流、权益保护、纠纷处理等方面的服务。国家支持商会、协会依照法律法规和章程的规定开展相关活动。

《外商投资企业投诉工作办法》（商务部令2020年第3号）第九条　《中华人民共和国外商投资法》第二十七条规定的商会、协会可以参照本办法，向投诉工作机构反映会员提出的投资环境方面存在的问题，并提交具体的政策措施建议。

条文释义

本条确定了外商投资企业在我国境内成立商会和协会以及参加商会和协会活动的权利，同时要求商会和协会的活动应当依照相关法律法规。

现有的商会层面主要是指中国国际商会，其是由在中国从事国际商事活动的企业、团体和其他组织组成的全国性商会组织，主要职责是促进中外经贸交流与合作，代表中国工商界向国际组织和中外政府部门反映利益诉求，参与国际经贸规则的制定和推广，在企业界积极倡导社会责任与公益事业。中国国际商会已经成为我国会员数量最多、国际影响力最大的涉外商会组织。中国国际商会实行会员制，现有包括外商投资企业在内的35万多家会员企业。中国国际商会与中国境内外其他商协会组织开展机制性合作，向会员和其他企业提供国际交流、行业合作、法律咨询、市场信息、会展策划、项目招商和业务培训等服务。为了更好地服务外商投资企业，我国于2023年成立中国国际商会外资企业工作委员会。在现有的协会层面，目前存在的最主要的是中国外商投资企业协会，该协会于1987年11月在北京创立，是由商务部主管，在民政部登记注册，由在中国境内的外商投资企业及港澳台地区和海外侨胞投资企业为主联合组成的全国性非营利社会团体。此外，在部分省或市分别单独设有地方外商投资企业协会。无论是中国国际商会还是中国外商投资企业协会，其都存在与中国政府关系较密切的特征，力图在外商投资企业与中国政府之间起到桥梁作用。

法律适用

在我国,外商投资企业可以依法成立商会、协会。除法律、法规另有规定外,外商投资企业有权自主决定参加或者退出商会、协会,任何单位和个人不得干预。商会、协会应当依照法律法规和章程的规定,加强行业自律,及时反映行业诉求,为会员提供信息咨询、宣传培训、市场拓展、经贸交流、权益保护、纠纷处理等方面的服务。国家支持商会、协会依照法律法规和章程的规定开展相关活动。

第五章

投资管理

条文内容

第二十八条　外商投资准入负面清单规定禁止投资的领域，外国投资者不得投资。

外商投资准入负面清单规定限制投资的领域，外国投资者进行投资应当符合负面清单规定的条件。

外商投资准入负面清单以外的领域，按照内外资一致的原则实施管理。

关联法律

《外商投资准入特别管理措施(负面清单)(2024 年版)》(国家发展和改革委员会、商务部令第 23 号)

《自由贸易试验区外商投资准入特别管理措施(负面清单)(2021 年版)》(国家发展和改革委员会、商务部令第 48 号)

《市场准入负面清单(2022 年版)》

《外商投资法实施条例》第三十三条　负面清单规定禁止投资的领域，外国投资者不得投资。负面清单规定限制投资的领域，外国投资者进行投资应当符合负面清单规定的股权要求、高级管理人员要求等限制性准入特别管理措施。

《外商投资法实施条例》第三十四条　有关主管部门在依法履行职责过程中，对外国投资者拟投资负面清单内领域，但不符合负面清单规定的，不予办理许可、企业登记注册等相关事项；涉及固定资产投资项目核准的，不予办理相关核准事项。有关主管部门应当对负面清单规定执行情况加强监督检查，发现外国投资者投资负面清单规定禁止投资的领域，或者外国投资者的投资活动违反负面清单规定的限制性准入特别管理措施的，依照外商投资法第三十六条的规定予以处理。

最高人民法院《关于适用〈中华人民共和国外商投资法〉若干问题的解释》（法释〔2019〕20号）第二条　对外商投资法第四条所指的外商投资准入负面清单之外的领域形成的投资合同，当事人以合同未经有关行政主管部门批准、登记为由主张合同无效或者未生效的，人民法院不予支持。前款规定的投资合同签订于外商投资法施行前，但人民法院在外商投资法施行时尚未作出生效裁判的，适用前款规定认定合同的效力。

最高人民法院《关于适用〈中华人民共和国外商投资法〉若干问题的解释》（法释〔2019〕20号）第三条　外国投资者投资外商投资准入负面清单规定禁止投资的领域，当事人主张投资合同无效的，人民法院应予支持。

最高人民法院《关于适用〈中华人民共和国外商投资法〉若干问题的解释》（法释〔2019〕20号）第四条　外国投资者投资外商投资准入负面清单规定限制投资的领域，当事人以违反限制性准入特别管理措施为由，主张投资合同无效的，人民法院应予支持。人民法院作出生效裁判前，当事人采取必要措施满足准入特别管理措施的要求，当事人主张前款规定的投资合同有效的，应予支持。

最高人民法院《关于适用〈中华人民共和国外商投资法〉若干问题的解释》（法释〔2019〕20号）第五条　在生效裁判作出前，因外商投资准入负面清单调整，外国投资者投资不再属于禁止或者限制投资的领域，当事人主张投资合同有效的，人民法院应予支持。

《外商投资法》第三十六条　外国投资者投资外商投资准入负面清单规定禁止投资的领域的，由有关主管部门责令停止投资活动，限期处分股份、资产或者采取其他必要措施，恢复到实施投资前的状态；有违法所得的，没收违法所得。外国投资者的投资活动违反外商投资准入负面清单规定的限制性准入特别管理措施的，由有关主管部门责令限期改正，采取必要措施满足准入特别管理措施的要求；逾期不改正的，依照前款规定处理。外国投资者的投资活动违反外商投资准入负面清单规定的，除依照前两款规定处理外，还应当依法承担相应的法律责任。

条文释义

本条规定实际上是对外商投资管理的核心制度，即“准入前国民待遇+负面清单”制度的诠释。“准入前国民待遇”，是指在投资准入阶段给予外国投资者及其投资不低于本国投资者及其投资的待遇。“负面清单”则是指国家规定在特定领域对外商投资实施的准入特别管理措施。国家对负面清单之外的外商投资，给予国民待遇。本条第1款和第2款分别规定了负面清单的基本内容，也就是说，负面清单规定的禁止投资领域外国投资者不得投资；负面清单规定的限制投资的领域，外国投资者进行投资应符合负面清单规定的条件。本条第3款则是对于准入前国民待遇这一基本原则的确认。

2021年版的外资准入负面清单进一步提高对外开放水平，健全外商投资“准入前国民待遇+负面清单”管理制度，推进投资自由化便利化。其主要遵循以下原则：一是统筹发展和安全，进一步扩大对外开放，对外开放的力度同国家安全和监管能力相适应。二是借鉴国际通行规则，通过外资安全审查、内外资一致管理措施能够防控风险的领域原则上不列入负面清单。三是发挥自贸试验区改革开放“试验田”作用，继续扩大开放先行先试。四是维护国家安全，涉及国家政治安全、意识形态安全等敏感领域继续保留外资准入限制。

2024年版的《外商投资准入特别管理措施（负面清单）》（以下简称《外商投资准入负面清单》）统一列出股权要求、高管要求等外商投资准入方面的特别管理措施。其要求《外商投资准入负面清单》之外的领域，按照内外资一致原则实施管理；境内外投资者统一适用《市场准入负面清单》的有关规定。《外商投资准入负面清单》还规定：有关主管部门在依法履行职责过程中，对境外投资者拟投资《外商投资准入负面清单》内领域，但不符合《外商投资准入负面清单》规定的，不予办理许可、企业登记注册等相关事项；涉及固定资产投资项目核准的，不予办理相关核准事项。投资有股权要求的领域，不得设立外商投资合伙企业。经国务院有关主管部门审核并报国务院批准，特定外商投资可以不适用《外商投资准入负面清单》中相关领域的规定。《外商投资准入负面清单》中未列出的文化、金融等领域与行政审批、资质条件、国家安全等相关措施，按照现行规定执行。

根据全面深化改革、扩大对外开放的需要，我国自2013年开始建立了自贸区，并在试验区内实施更开放的自贸试验区外商投资准入负面清单。2021年由国家发改委、商务部发布自2022年1月1日起施行的《自由贸易试验区外商投资准入特别管理措施（负面清单）（2021年版）》又将投资自由化推向一个新高潮。

综观我国改革开放以来外商投资管理措施的演变，可以看出我国不断深化对外开放的程度，不断提高吸引外资的水平。

有关投资管理和负面清单的内容，还可参见本书对《外商投资法》第4条、第36条的释义和解读。

法律适用

最高人民法院在金某龙、中恒日上（香港）有限公司（以下简称中恒香港公司）等股权转让纠纷民事再审民事判决书[（2021）最高法民再245号]中认为：《外商投资法》第28条亦规定，外商投资准入负面清单规定禁止投资的领域，外国投资者不得投资；外商投资准入负面清单以外的领域，按照内外资一致的原则实施管理。其第29条规定，外商投资需要办理投资项目核准、备案的，按照国家有关规定执行。据此，中恒香港公司将持有的中恒江苏公司的股权转让给国投公司，应将相关协议报送管理部门备案，而非需报请审批机构批准。本案股权转让协议的实质在于将物资公司对国投公司所享有的债权转化为物资公司对国投公司、中恒江苏公司的股权，其属于以股权抵债权的协议。该协议系各方协商签订，为各方真实意思表示，内容不违反法律、行政法规的强制性规定，且已部分履行，故应认定为合法有效。

广西壮族自治区高级人民法院在日本新东株式会社、日本东信投资株式会社等股权转让纠纷民事二审民事判决书[（2020）桂民终1199号]中认为：根据《外商投资法》第28条第3款“外商投资准入负面清单以外的领域，按照内外资一致的原则实施管理”之规定，对外商投资准入除负面清单外的领域无须进行审批，与内资企业一样享受登记制度。南宁东信公司的经营范围为房地产开发、建设及销售，不属于外商投资准入特别管理措施（负面清单）的领域。

条文内容

第二十九条　外商投资需要办理投资项目核准、备案的，按照国家有关规定执行。

关联法律

《企业投资项目核准和备案管理办法》（2023年修订）

条文释义

本条是对于投资项目核准、备案制度的特殊规定，沿用我国现有的针对投资项目的管理制度。

在我国当前立法中，国家发改委公布的《企业投资项目核准和备案管理办法》(2023年修订)是与本条最相关的法律制度。此前尚有专门针对外商投资项目核准和备案管理的《外商投资项目核准和备案管理办法》(国家发改委2014年发布)。根据《企业投资项目核准和备案管理办法》(2023年修订)第62条的规定，"外商投资项目和境外投资项目的核准和备案管理办法另行制定"。在新的专门针对外商投资项目核准和备案管理的规定出台前，理论上应可参照《外商投资项目核准和备案管理办法》执行。

国家发改委公布的《企业投资项目核准和备案管理办法》(2023年修订)规定，投资项目是指企业在中国境内投资建设的固定资产投资项目，包括企业使用自己筹措资金的项目，以及使用自己筹措的资金并申请使用政府投资补助或贷款贴息等的项目。该管理办法要求，根据这些项目的不同情况，分别实行核准管理或备案管理，具体为：对关系国家安全、涉及全国重大生产力布局、战略性资源开发和重大公共利益等项目，实行核准管理；其他项目则实行备案管理。另外，由国务院颁布的《政府核准的投资项目目录》确定了实行核准管理的具体项目范围以及核准机关、核准权限。法律、行政法规和国务院对项目核准的范围、权限有专门规定的，从其规定。

法律适用

目前，国务院发布的最新的《政府核准的投资项目目录》为《政府核准的投资项目目录（2016 年本）》。其中，有关外商投资项目的核准、备案制度规定在该目录的第 11 项，即"《外商投资产业指导目录》中总投资（含增资）3 亿美元及以上限制类项目，由国务院投资主管部门核准，其中总投资（含增资）20 亿美元及以上项目报国务院备案。《外商投资产业指导目录》中总投资（含增资）3 亿美元以下限制类项目，由省级政府核准。前款规定之外的属于本目录第一至十条所列项目，按照本目录第一至十条的规定执行"。

需要指出的是，自《外商投资准入特别管理措施（负面清单）》发布以来，负面清单中已经不存在"限制类项目"的明确表述，2014 年的《外商投资项目核准和备案管理办法》如何结合《外商投资法》生效后的全新负面清单进行适用，有待进一步明确。理论上，不符合负面清单设定条件的外商投资项目，应不予核准和备案。

广东省广州市中级人民法院在英福投资有限公司、郭伟强等股权转让纠纷民事二审民事判决书［（2023）粤 01 民终 16714 号］中认为：根据《外商投资法》第 29 条的规定，外商投资企业的组织形式、组织机构及其活动准则，适用《公司法》《合伙企业法》等法律规定。根据原《公司法》第 180 条、第 181 条的规定，公司章程规定的营业期限届满或者公司章程规定的其他解散事由出现，可以通过修改公司章程而存续。福兴公司至今尚未被决议解散，仍处于在营（开业）状态，主体资格存续，无证据反映福兴公司的合作期限、营业期限届满而尚未得到延长构成办理福兴公司股权变更登记的法律障碍。

条文内容

第三十条　外国投资者在依法需要取得许可的行业、领域进行投资的，应当依法办理相关许可手续。

有关主管部门应当按照与内资一致的条件和程序，审核外国投资者的许可申请，法律、行政法规另有规定的除外。

关联法律

《行政许可法》第十二条　下列事项可以设定行政许可……（二）有限自然资源开发利用、公共资源配置以及直接关系公共利益的特定行业的市场准入等，需要赋予特定权利的事项……

《外商投资法实施条例》第三十五条　外国投资者在依法需要取得许可的行业、领域进行投资的，除法律、行政法规另有规定外，负责实施许可的有关主管部门应当按照与内资一致的条件和程序，审核外国投资者的许可申请，不得在许可条件、申请材料、审核环节、审核时限等方面对外国投资者设置歧视性要求。负责实施许可的有关主管部门应当通过多种方式，优化审批服务，提高审批效率。对符合相关条件和要求的许可事项，可以按照有关规定采取告知承诺的方式办理。

条文释义

本条强调了内外资一致的原则,要求在特殊行业进行投资,按照中国法需要取得行业许可的领域,无论外资、内资,都需要遵守中国法律,办理相关许可手续。这是准入前国民待遇的表现形式之一。

除部分特别管理措施(负面清单)内的投资项目外,外商投资都可以跟内资一样进行投资。只是在涉及上述特殊行业之时,需要遵守相应行业的准入许可的管理规范。本条强调了外资准入过程中的许可条件和程序应与内资一致,再次凸显了准入前国民待遇的原则,这也是我国不断扩大开放、提升吸引外资水平的表现。

法律适用

我国有关行政许可的基本内容规定在 2003 年 8 月 27 日第十届全国人民代表大会常务委员会通过的《行政许可法》(已于 2019 年修正)中。该法规定的行政许可,是指行政机关根据公民、法人或者其他组织的申请,经依法审查,准予其从事特定活动的行为。本条所说的许可手续主要涉及一些特定行业、领域的投资准入许可。我国现在对许多行业都有准入许可的要求。比如,交通运输部于 2018 年 10 月 22 日出台的《快递业务经营许可管理办法》(后于 2019 年修正)规定了快递业的行业许可。又如,国家市场监督管理总局于 2023 年 6 月 7 日通过的《食品经营许可和备案管理办法》(国家市场监督管理总局令第 78 号)和《药品经营许可证管理办法》(国家食品药品监督管理总局令第 37 号,已失效)规定了食品药品行业的准入许可。类似的行业许可需要专门遵照相关行业主管部门的法律法规。

条文内容

第三十一条　外商投资企业的组织形式、组织机构及其活动准则，适用《中华人民共和国公司法》、《中华人民共和国合伙企业法》等法律的规定。

关联法律

《外商投资法实施条例》第三十八条　外国投资者或者外商投资企业应当通过企业登记系统以及企业信用信息公示系统向商务主管部门报送投资信息。国务院商务主管部门、市场监督管理部门应当做好相关业务系统的对接和工作衔接，并为外国投资者或者外商投资企业报送投资信息提供指导。

条文释义

本条依据内外资一致的原则要求外商投资的形式遵循我国《公司法》《合伙企业法》等法律有关企业的组织形式、组织机构及其活动准则的规定。

传统的原外资三法以不同类型的外商投资企业为着眼点和切入点，三法并立、各自为政，造成法律实施与适用的烦琐化和碎片化。不仅如此，企业组织法这一定位也使原外资三法的内容主要集中于外商投资企业的组织机构和设立变更，相关规定与其后陆续出台的《公司法》《合伙企业法》等商事组织法存在重复乃至抵牾。2018 年修正的《公司法》曾尝试将外商投资企业纳入统一体系并予以适当协调，其第 217 条规定“外商投资的有限责任公司和股份有限公司适用本法；有关外商投资的法律另有规定的，适用其规定”，但并未实质性解决原外资三法与《公司法》的冲突。《合伙企业法》(2006 年修订)也有类似尝试，其第 108 条规定“外国企业或者个人在中国境内设立合伙企业的管理办法由国务院规定”，但国务院并未出台相关办法。

《外商投资法》的出台使这一局面有了根本改观。第一，有关原三资企业的设立管理规定不再适用，而是统一适用《公司法》或者《合伙企业法》的规定。外商投资企业应根据工商管理的要求登记为公司或者合伙企业，不再有“中外合资”、“中外合作”或者“外商独资”的概念。与之相对应，外商投资企业的性质也不再是特殊的中外合资企业、中外合作企业或者外商独资企业。反之，外商投资企业应选择公司或者合伙企业的模式。

根据《公司法》的规定，我国的公司有有限责任公司(包括一人有限责任公司)和股份有限公司两种形式。公司是企业法人，有独立的法人财产，享有法人财产权。公司以其全部财产对公司的债务承担责任。有限责任公司的股东以其认缴的出资额为限对公司承担责任；股份有限公司的股东以其认购的股份为限对公司承担责任。以公司形式出现的外商投资企业既可以采取有限责任公司形式，又可以采取股份有限公司形式。

根据《合伙企业法》的规定，合伙企业可以是普通合伙企业，也可以是有限合伙企业。普通合伙企业由普通合伙人组成，合伙人对合伙企业债务承担无限连带责任。有限合伙企业由普通合伙人和有限合伙人组成,普通合伙人对合伙企业承担无限连带责任,有限合伙人以其认缴的出资额为限对合伙企业债务承担责任。这几种合伙的形式同样可适用于以合伙形式出现的外商投资企业。

第二,原外资三法有关原三资企业新设投资的要求将不再适用,而是适用《公司法》和《合伙企业法》对于公司和合伙企业设立的要求。比如,原《中外合资经营企业法》规定,在合营企业的注册资本中,外国合营者的投资比例一般不低于25%。自《外商投资法》2020年1月1日施行后,此条规定下的外资比例门槛不再成为判断外资参与的企业是不是外商投资企业的标准。如果外国投资者想成立公司性质的外商投资企业,将会适用《公司法》的规定。根据《公司法》的规定,设立有限责任公司,应当具备下列条件:(1)股东符合法定人数;(2)有符合公司章程规定的全体股东认缴的出资额;(3)股东共同制定公司章程;(4)有公司名称,建立符合有限责任公司要求的组织机构;(5)有公司住所。有限责任公司由1个以上50个以下股东出资设立,股东可以用货币出资,也可以用实物、知识产权、土地使用权等可以用货币估价并可以依法转让的非货币财产作价出资;但是,法律、行政法规规定不得作为出资的财产除外。设立股份有限公司,根据《公司法》的规定,应当具备下列条件:(1)发起人符合法定人数;(2)有符合公司章程规定的全体发起人认购的股本总额或者募集的实收股本总额;(3)股份发行、筹办事项符合法律规定;(4)发起人制订公司章程,采用募集方式设立的经创立大会通过;(5)有公司名称,建立符合股份有限公司要求的组织机构;(6)有公司住所。设立股份有限公司,应当有2人以上200人以下的发起人,其中须有半数以上的发起人在中国境内有住所。发起人的出资方式,适用有限责任公司股东的出资方式的规定。对于外商投资的合伙企业,《合伙企业法》规定的设立条件更宽松。设立合伙企业应具备:(1)有2个以上合伙人。合伙人为自然人的,应当具有完全民事行为能力。(2)有书面合伙协议。(3)有合伙人认缴或者实际缴付的出资。(4)有合伙企业的名称和生产经营场所。(5)法律、行政法规规定的其他条件。合伙人可以用货币、实物、知识产权、土地使用权或者其他财产权利出资,普通合伙人也可以用劳务出资。

第三,原外资三法有关投资合同权利转让的规定不再适用,而是统一适用《公司法》《合伙企业法》对权利转让的规定。原《中外合资经营企业法》规定,合营者的注册资本如果转让必须经合营各方同意。与之相类似的是,原《中外合作经营企业法》规定,中外合作者的一方转让其在合作企业合同中的全部或者部分权利、义务的,必须经他方同意,并报审查批准机关批准。而在现行的《公司法》的规定中,有限责任公司的股东之间可以相互转让其全部或者部分股权。股东向股东以外的人转让股权,应当经其他股东过半数同意。股东应就其股权转让事项书面通知其他股东征求同意,其他股东自接到书面通知之日起满30日未答复的,视为同意转让。其他股东半数以上不同意转让的,不同意的股东应当购买该转让的股权;不购买的,视为同意转让。经股东同意转让的股权,在同等条件下,其他股东有优先购买权。两个以上股东主张行使优先购买权的,协商确定各自的购买比例;协商不成的,按照转让时各自的出资比例行使优先购买权。公司章程对股权转让另有规定的,从其规定。股份有限公司股东转让其股份,应当在依法设立的证券交易场所进行或者按照国务院规定的其他方式进行。《合伙企业法》规定,除合伙协议另有约定外,合伙人向合伙人以外的人转让其在合伙企业中的全部或者部分财产份额时,须经其他合伙人一致同意。合伙人之间转让在合伙企业中的全部或者部分财产份额时,应当通知其他合伙人。合伙人向合伙人以外的人转让其在合伙企业中的财产份额的,在同等条件下,其他合伙人有优先购买权;但是,合伙协议另有约定的除外。有限合伙人可以按照合伙协议的约定向合伙人以外的人转让其在有限合伙企业中的财产份额,但应当提前30日通知其他合伙人。

第四,原外资三法有关公司管理的规定不再适用,而是统一适用《公司法》《合伙企业法》对公司管理的规定。原外资三法主要强调的是董事会的权利。例如,原《中外合资经营企业法》规定,董事会的职权是按合营企业章程规定,讨论决定合营企业的一切重大问题,包括企业发展规划、生产经营活动方案、收支预算、利润分配、劳动工资计划、停业,以及总经理、副总经理、总工程师、总会计师、审计师的任命或聘请及其职权和待遇等。又如,原《中外合作经营企业法》规定,合作企业应当设立董事会或者联合管理机构,依照合作企业合同或者章程的规定,决定合作企业的重大问题。中外合作者的一方担任董事会的董事长、联合管理机构的主任的,由他方担任副董事长、副主任。董事会或者联合管理机构可以决定任命或者聘请总经理负责合作企业的日常经营管理工作。总经理对董事会或者联合管理机构负责。

而现行《公司法》(2023年修订)规定,有限责任公司的股东会是公司的权力机构,依法行使下列职权:(1)选举和更换董事、监事,决定有关董事、监事的报酬事项;(2)审议批准董事会的报告;(3)审议批准监事会报告;(4)审议批准公司的利润分配方案和弥补亏损方案;(5)对公司增加或者减少注册资本作出决议;(6)对发行公司债券作出决议;(7)对公司合并、分立、解散、清算或者变更公司形式作出决议;(8)修改公司章程;(9)公司章程规定的其他职权。有限责任公司可以设置董事会①,对股东会负责,行使以下职权:(1)召集股东会会议,并向股东会报告工作;(2)执行股东会的决议;(3)决定公司的经营计划和投资方案;

① 《公司法》(2023年修订)第75条规定,规模较小或者股东人数较少的有限责任公司,可以不设董事会,设一名董事,行使本法规定的董事会的职权。该董事可以兼任公司经理。

(4)制订公司的利润分配方案和弥补亏损方案;(5)制订公司增加或者减少注册资本以及发行公司债券的方案;(6)制订公司合并、分立、解散或者变更公司形式的方案;(7)决定公司内部管理机构的设置;(8)决定聘任或者解聘公司经理及其报酬事项,并根据经理的提名决定聘任或者解聘公司副经理、财务负责人及其报酬事项;(9)制定公司的基本管理制度;(10)公司章程规定或者股东会授权的其他职权。与之类似的是,股份有限公司也以股东会为公司的权力机构,行使上述有限责任公司股东会的职权。股份有限公司设置董事会,行使上述有限责任公司董事会的职权。有限责任公司和股份有限公司均须设立监事会或监事。《合伙企业法》中合伙事务的执行,按照合伙协议的约定或者经全体合伙人决定,可以委托一个或者数个合伙人对外代表合伙企业,执行合伙事务。合伙人对合伙企业有关事项作出决议,按照合伙协议约定的表决办法办理。合伙协议未约定或者预定不明确的,根据《合伙企业法》的规定由合伙人表决决定。

可以说,将外商投资企业统一纳入《公司法》和《合伙企业法》的管理范畴符合现在商事运作的国际惯例。但值得注意的是,在本法出台之前已经设立的中外合资企业、中外合作企业或者外商独资企业要根据现行《公司法》和《合伙企业法》调整公司治理结构,包括修订合资/合作合同、新设股东会、调整董事会议事规则等多个方面,这也是对现存外商投资企业的挑战。

法律适用

最高人民法院在吴某好与如皋市金鼎置业有限公司(以下简称金鼎公司)等股东资格确认纠纷案[(2021)最高法民申1074号](《最高人民

法院公报》2023年第7期)中认为:案涉股东会议纪要确认被申请人享有金鼎公司20%的股份,明确了案涉股权变更登记应在2013年11月15日前完成。原《中外合资经营企业法》第3条规定,“合营各方签订的合营协议、合同、章程,应报国家对外经济贸易主管部门审查批准”;2016年修正的原《中外合资经营企业法》第15条规定,“举办合营企业不涉及国家规定实施准入特别管理措施的,对本法第三条、第十三条、第十四条规定的审批事项,适用备案管理……”。在二审法院审理期间,《外商投资法》《外商投资法实施条例》,以及商务部、国家市场监督管理总局制定的《外商投资信息报告办法》于2020年1月1日起施行,对外商投资实行“准入前国民待遇+负面清单”管理以及外商投资信息报告等制度。关于负面清单以外的领域,《外商投资法》第4条规定了“给予国民待遇”,其第28条第3款规定“按照内外资一致的原则实施管理”。《外商投资法》《外商投资法实施条例》施行后,《中外合资经营企业法》《外资企业法》《中外合作经营企业法》及其实施条例或实施细则同时废止。这些已被废止的法律、行政法规中有关审批、备案管理的制度不再实行。因此,虽然相关法律行为发生在《外商投资法》实施之前,但是涉争外商投资企业的股权变更登记不属于《外商投资法》第4条所称的负面清单的管理范围的,人民法院应当依照“给予国民待遇”和“内外资一致”的原则,对当事人有关应当征得外商投资企业审批机关同意的主张不予支持。本案中,金鼎公司的经营范围为“房地产开发”,案涉股权变更登记不属于负面清单的管理范围。因此,再审申请人的相关申请再审理由不能成立。

广东省深圳市中级人民法院在深圳市泽企投资有限公司、深圳益宝实业有限公司房屋买卖合同纠纷首次执行执行裁定书[(2019)粤03执2554号之一]中认为:根据本院在执行过程中所查证的事实,2020年1月1日之前,虽然当时的相关行政法规有外资企业对外转让资产须经审批机关批准以及外资企业的土地使用权在经营期限内未经批准不得转让的相关规定，但因其欠缺相关的配套规范及审批程序，导致被执行人向审批机关申请批准的行为在事实上无法履行；2020 年 1 月 1 日之后，因行政法规的变化，外资企业对外转让资产(包括转让土地使用权)已无须经过审批机关的批准，审批机关亦无相应的审批职能，该行为在法律上已无须履行。综上所述，本案生效判决确定的不可代替履行行为在事实上不能履行，故本院不能强制被执行人履行。

广东省中山市第一人民法院在中山市某公司、振某某公司等买卖合同纠纷执行异议执行裁定书[(2023)粤 2071 执异 836 号]中认为，根据《外商投资法》第 31 条的规定，振某某公司是依照中国法律在中国境内经登记注册设立的有限责任公司，其组织形式、组织机构及其活动准则，适用中国《公司法》等法律的规定。

条文内容

第三十二条　外商投资企业开展生产经营活动，应当遵守法律、行政法规有关劳动保护、社会保险的规定，依照法律、行政法规和国家有关规定办理税收、会计、外汇等事宜，并接受相关主管部门依法实施的监督检查。

关联法律

《劳动法》第二十九条　劳动者有下列情形之一的，用人单位不得依据本法第二十六条、第二十七条的规定解除劳动合同：

(一)患职业病或者因工负伤并被确认丧失或者部分丧失劳动能力的;

(二)患病或者负伤,在规定的医疗期内的;

(三)女职工在孕期、产期、哺乳期内的;

(四)法律、行政法规规定的其他情形。

《劳动法》第七十三条　劳动者在下列情形下,依法享受社会保险待遇:

(一)退休;

(二)患病、负伤;

(三)因工伤残或者患职业病;

(四)失业;

(五)生育。

劳动者死亡后,其遗属依法享受遗属津贴。

劳动者享受社会保险待遇的条件和标准由法律、法规规定。

劳动者享受的社会保险金必须按时足额支付。

《劳动合同法》第二十条　劳动者在试用期的工资不得低于本单位相同岗位最低档工资或者劳动合同约定工资的百分之八十,并不得低于用人单位所在地的最低工资标准。

《劳动合同法》第三十一条　用人单位应当严格执行劳动定额标准,不得强迫或者变相强迫劳动者加班。用人单位安排加班的,应当按照国家有关规定向劳动者支付加班费。

《税收征收管理法》第二十五条　纳税人必须依照法律、

行政法规规定或者税务机关依照法律、行政法规的规定确定的申报期限、申报内容如实办理纳税申报,报送纳税申报表、财务会计报表以及税务机关根据实际需要要求纳税人报送的其他纳税资料。

扣缴义务人必须依照法律、行政法规规定或者税务机关依照法律、行政法规的规定确定的申报期限、申报内容如实报送代扣代缴、代收代缴税款报告表以及税务机关根据实际需要要求扣缴义务人报送的其他有关资料。

《企业所得税法》第二十五条　国家对重点扶持和鼓励发展的产业和项目,给予企业所得税优惠。

《会计法》第十条　各单位应当对下列经济业务事项办理会计手续,进行会计核算:

(一)资产的增减和使用;

(二)负债的增减;

(三)净资产(所有者权益)的增减;

(四)收入、支出、费用、成本的增减;

(五)财务成果的计算和处理;

(六)需要办理会计手续、进行会计核算的其他事项。

《外汇管理条例》(2008 年修订)第十六条　境外机构、境外个人在境内直接投资,经有关主管部门批准后,应当到外汇管理机关办理登记……

《外商投资法实施条例》第三十七条　外商投资企业的登记注册,由国务院市场监督管理部门或者其授权的地方人民政府市场监督管理部门依法办理。国务院市场监督管理部门应当公布其授权的市场监督管理部门名单。外商投资企业的注册资本可以用人民币表示,也可以用可自由兑换货币表示。

条文释义

本条依据内外资一致的原则要求外商投资遵守我国有关劳动保护、社会保险的规定,依法办理税收、会计、外汇等事宜,依法接受主管部门的监督检查,体现了国民待遇原则。

在劳动保护和社会保险领域,原《中外合资经营企业法》《外资企业法》《中外合作经营企业法》均有关于劳动问题的规定。原《中外合资经营企业法》第 6 条第 4 款规定,合营企业职工的录用、辞退、报酬、福利、劳动保护、劳动保险等事项,应当依法通过订立合同加以规定;第 7 条规定,合营企业的职工依法建立工会组织,开展工会活动,维护职工的合法权益。合营企业应当为本企业工会提供必要的活动条件。原《外资企业法》第 12 条规定,外资企业雇用中国职工应当依法签定合同,并在合同中订明雇用、解雇、报酬、福利、劳动保护、劳动保险等事项。该法第 13 条规定,外资企业的职工依法建立工会组织,开展工会活动,维护职工的合法权益。外资企业应当为本企业工会提供必要的活动条件。原《中外合作经营企业法》第 13 条规定,合作企业职工的录用、辞退、报酬、福利、劳动保护、劳动保险等事项,应当依法通过订立合同加以规定。其第 14 条规定,合作企业的职工依法建立工会组织,开展工会活动,维护职工的合法权益。合作企业应当为本企业工会提供必要的活动条件。值得注意的是,原外资三法的颁布时间均在我国正式的劳动领域法律规范出台之前。故而,原外资三法并没有明确地对劳动问题作出具体的规定,其仅是要求在合同中明确法律所列出的事项。

1994 年 7 月 5 日第八届全国人民代表大会常务委员会第八次会议通过的《劳动法》正式确立了我国在劳动领域的法律规范。该法于 2009 年 8 月 27 日和 2018 年 12 月 29 日分别经历两次修正。《劳动法》明确了促进就业、劳动合同和集体合同、工作时间和休息休假、工资、劳动安全卫生、女职工和未成年工特殊保护、社会保险和福利、劳动争议、监督检查等问题。此外,2007 年 6 月 29 日第十届全国人民代表大会常务委员会第二十八次会议通过的《劳动合同法》也是规范劳动关系的主要法律规范。该法于 2012 年 12 月 28 日修正。《劳动合同法》明确了劳动合同的订立、劳动合同的履行和变更、劳动合同的解除和终止、集体合同、劳务派遣、非全日制用工等问题。在社会保险领域,2010 年 10 月 28 日第十一届全国人民代表大会常务委员会第十七次会议通过《社会保险法》。该法于 2018 年 12 月 29 日修正。《社会保险法》明确了基本养老保险、基本医疗保险、工伤保险、失业保险、生育保险的社会保障制度,统称"五险"。另外,该法也规定了社会保障基金、社会保险经办和社会保险监督等内容。

在这个过程中,国务院曾于 1980 年 7 月 26 日发布原《中外合资经营企业劳动管理规定》(国发〔1980〕199 号),劳动部、对外经济贸易合作部曾于 1994 年 8 月 11 日发布原《外商投资企业劳动管理规定》(劳部发〔1994〕246 号)。但是,根据 2001 年 10 月 6 日国务院《关于废止 2000 年底以前发布的部分行政法规的决定》(国务院令第 319 号)的说明,原《中外合资经营企业劳动管理规定》因与《劳动法》不相适应被废止。与之相类似地,根据 2007 年 11 月 9 日劳动和社会保障部《关于废止部分劳动和社会保障规章的决定》(劳动和社会保障部令第 29 号),原《外商投资企业劳动管理规定》因被《劳动法》等代替而废止。可以看出,自从《劳动法》等劳动领域的立法实施以来,已经统一适用于外商投资企业。《外商投资法》该条明确保证了外商投资企业和内资企业在劳动关系法律适用上的统一。

在税收领域,改革开放初期,我国为加快招商引资力度,对外商投资企业实行各类税收优惠政策。1991 年 4 月 9 日第七届全国人民代表大会第四次会议通过的原《外商投资企业和外国企业所得税法》还规定了外商投资企业的特殊税收制度。1991 年 6 月 30 日国务院为此发布《外商投资企业和外国企业所得税法实施细则》(已失效)。随着我国进一步对外开放,这种税收上的特殊处理的弊端随之显现。一方面,这种税收上的特殊处理造成了“超国民待遇”,不利于民族企业的发展;另一方面,在这种特殊的税收制度下,国内个人或企业可通过设立离岸公司、借用他人外国主体的身份创造涉外元素,享受外商投资的优惠,事实上造成了国家税收的流失和监管上的混乱。2007 年 3 月 16 日,第十届全国人民代表大会第五次会议通过《企业所得税法》废止了上述特殊的外资企业税收制度,实现了内外资企业在所得税上的统一。《企业所得税法》后于 2017 年 2 月 24 日和 2018 年 12 月 29 日经历两次修正。《外商投资法》该条再次明确内外资适用统一的税收制度。

在会计领域,虽然原《中外合资经营企业法》并没有对会计问题作出明确的规定,但原《外资企业法》第 14 条规定和原《中外合作经营企业法》第 15 条规定均专门规定各自的会计制度。原《外资企业法》规定外资企业必须在中国境内设置会计账簿,进行独立核算,按照规定报送会计报表,并接受财政税务机关的监督。外资企业拒绝在中国境内设置会计账簿的,财政税务机关可以处以罚款,工商行政管理机关可以责令停止营业或者吊销营业执照。原《中外合作经营企业法》要求合作企业必须在中国境内设置会计账簿,依照规定报送会计报表,并接受财政税务机关的监督。合作企业违反此规定,不在中国境内设置会计账簿的,财政税务机关可以处以罚款,工商行政管理机关可以责令停止营业或者吊销其营业执照。根据财政部 1992 年 6 月 24 日公布的《外商投资企业会计制度》(〔92〕财会字第 33 号),外商投资企业适用特殊的会计制度。该法根据 2001 年 11 月 29 日《外商投资企业执行〈企业会计制度〉有关问题的规定》(财会〔2001〕62 号)废止。至此,内外资企业统一适用《企业会计制度》(财会〔2000〕25 号)。本次立法,《外商投资法》明确将外资企业的会计制度统一纳入我国会计制度,享受与我国境内企业一致的待遇。

在外汇领域,原《中外合资经营企业法》第 9 条规定,"合营企业应凭营业执照在国家外汇管理机关允许经营外汇业务的银行或其它金融机构开立外汇帐户。合营企业的有关外汇事宜,应遵照中华人民共和国外汇管理条例办理"。合营企业在其经营活动中,可直接向外国银行筹措资金。该法第 11 条规定,外国合营者在履行法律和协议、合同规定的义务后分得的净利润,在合营企业期满或者中止时所分得的资金以及其它资金,可按合营企业合同规定的货币,按外汇管理条例汇往国外。同时,该条还鼓励外国合营者将可汇出的外汇存入中国银行。原《外资企业法》第 18 条规定,外资企业的外汇事宜,依照国家外汇管理规定办理;外资企业应当在中国银行或者国家外汇管理机关指定的银行开户。该法第 19 条规定,外国投资者从外资企业获得的合法利润、其他合法收入和清算后的资金,可以汇往国外;外资企业的外籍职工的工资收入和其他正当收入,依法缴纳个人所得税后,可以汇往国外。原《中外合作经营企业法》第 16 条规定:"合作企业应当凭营业执照在国家外汇管理机关允许经营外汇业务的银行或者其他金融机构开立外汇帐户。合作企业的外汇事宜,依照国家有关外汇管理的规定办理。"

在改革开放初期的原外资三法时代，我国对于外汇管理是比较严格的，形成了以《外汇管理条例》为框架的管理制度。《外汇管理条例》(国务院令第193号)于1996年1月29日发布，并于1997年1月14日的国务院令第211号文和2008年8月5日的国务院令第532号文修订。《外汇管理条例》第16条第1款规定，境外机构、境外个人在境内直接投资，经有关主管部门批准后，应当到外汇管理机关办理登记。与之配套的是外管局1996年6月28日发布的《外商投资企业外汇登记管理暂行办法》(〔96〕汇资函字第187号，已失效)。该暂行办法明确指出中外合资经营企业、中外合作经营企业和外资企业应根据规定向注册地外汇局办理外汇登记手续。此时，外汇登记依赖审批机关对设立企业的批准文件和批准证书。而在直接投资项下外汇账户开立和入账、购汇及对外支付、境内外汇划转以及外国投资者境内合法所得再投资等方面的业务均须经过核准。

党的十八大以来，在施行“准入前国民待遇+负面清单”的时代背景下，简化外汇手续也是外商管理改革的重要方面。2012年11月19日，外管局下发《关于进一步改进和调整直接投资外汇管理政策的通知》(汇发〔2012〕59号)(已部分失效)，取消直接投资项下外汇账户开立及入账核准，改由银行根据外汇局相关业务系统登记信息办理开户和资金入账手续；取消外国投资者境内合法所得再投资核准，会计师事务所可以根据被投资企业相关外汇登记信息为其办理验资询证手续；简化外商投资性公司境内再投资外汇管理；简化外商投资企业验资询证手续；简化外国投资者收购中方股权外资外汇登记手续；取消直接投资项下购汇及对外支付核准；取消直接投资项下境内外汇划转核准，进一步放宽境外放款管理。改进外商投资企业外汇资本金结汇管理。2013年5月10日，外管局下发《外国投资者境内直接投资外汇管理规定》(汇发〔2013〕21号)(已部分失效)，对外商直接投资涉及的外汇事项全面实行登记管理。该规定涉及的外商直接投资包括新设投资，以及并购境内企业。

2014年2月28日，为落实国务院《关于印发中国（上海）自由贸易试验区总体方案的通知》（国发〔2013〕38号）和中国人民银行《关于金融支持中国（上海）自由贸易试验区建设的意见》（银发〔2013〕11号），经外管局批准，外管局上海分局出台《支持中国（上海）自由贸易试验区建设外汇管理实施细则》（上海汇发〔2014〕26号）。根据该细则，直接投资项下外汇登记及变更下方银行办理。也就是说，外商投资企业无须再去外汇局进行登记。2015年2月13日，外管局下发了《关于进一步简化和改进直接投资外汇管理政策的通知》（汇发〔2015〕13号，部分失效），在总结部分地区试点经验的基础上，在全国范围内进一步简化和改进直接投资外汇管理政策。具体而言，取消境内直接投资项下外汇登记核准和境外直接投资项下外汇登记核准两项行政审批事项，改由银行按照该通知及其附件《直接投资外汇业务操作指引》直接审核办理境内直接投资项下外汇登记和境外直接投资项下外汇登记，外管局及其分支机构通过银行对直接投资外汇登记实施间接监管。同时，该文件简化了直接投资项下外国投资者出资确认登记管理，取消了境外再投资外汇备案，并取消直接投资外汇年检，改为实行存量权益登记。

法律适用

朴某系加拿大籍人士，2020年9月25日，朴某与某市某外商投资公司签订了劳动合同，劳动合同约定自2020年10月1日起双方建立无固定期限劳动合同，并规定公司或者雇员可在提前3个月通知的前提下无须任何理由解除合同。2020年10月1日，朴某正式入职这家公司，2021

年3月13日,该公司向朴某发出解除劳动合同的书面通知。在该通知中,该公司明确根据2020年9月双方签订的劳动合同中关于合同解除的约定,给付3个月的工资,通知解除与朴某的劳动合同,同时明确劳动关系结束日为2021年6月14日。朴某对该公司的解除决定不服,于2021年3月23日向某市劳动人事争议仲裁委员会提起劳动仲裁,要求恢复劳动关系,并支付违法解除期间的劳动报酬。2021年5月26日,某市劳动人事争议仲裁委员会作出裁决。劳动争议仲裁委员会认为:朴某系加拿大国籍,朴某与某外商投资公司签订的劳动合同合法有效,双方在劳动合同中约定任何一方"遵守三个月通知期的前提下,可以无理由解除本合同",但双方在劳动合同中未就额外支付3个月工资替代通知期事宜进行明确约定,故该公司未在提前3个月通知朴某的情况下于2021年3月13日通知朴某当即解除劳动合同的行为缺乏依据。为此裁定该公司解除朴某劳动合同的决定违法,并且判决恢复劳动关系。

某外商投资公司对劳动仲裁裁决不服,称在劳动合同双方事先约定双方均可以提前通知无条件解除合同的情况下,以工资替代通知解除劳动合同是国际通行做法,并以此理由向某市人民法院提起诉讼。2021年10月14日,该市人民法院作出判决。法院认为,本案一方系外商投资企业,其与雇员之间的劳动关系应适用我国劳动法和劳动合同法的规定。后者规定劳动合同的解除有用人单位单方解除、劳动者单方解除和双方协商一致解除3类。从以上3类的相对应的条文表明,劳动合同的解除有明确的法定程序和法定条件。同时,按照《劳动合同法》第87条的规定,用人单位违反本法规定解除或者终止劳动合同的,应当依照本法第47条规定的经济补偿标准的2倍向劳动者支付赔偿金。按该条文的理解,用人单位不得违反法定条件解除劳动合同,亦即违反法定条件的解除理由并不能成立。虽然按合同意思自治原则,当事人可以协商约定相应的合同内容,但是双方约定的内容并不在法定解除条件之列,因违反法定条件致使解除不能成立。

在税收征管实践中,部分外商投资企业存在实施国际逃避税行为,这给中国带来了税基侵蚀的风险。部分外商投资企业采用隐性或变相的股息分配方式向非居民企业分配股息,或者通过集团内部分摊费用、资金融通等关联往来向非居民股东分配利润,从而规避股息红利税收。另外,部分外商投资企业采用转让定价的方式,故意抬高或压低价格以及费用分摊标准,以达到避税的目的。这不仅使中国税收严重流失,而且也造成了企业之间竞争的不公平。而《外商投资法》第32条的规定起到了一定的维护作用。可见,外商投资企业在享受中国提供的投资促进和投资保障措施的同时,还应遵守中国法律的相关规定。

条文内容

第三十三条　外国投资者并购中国境内企业或者以其他方式参与经营者集中的,应当依照《中华人民共和国反垄断法》的规定接受经营者集中审查。

关联法律

《反垄断法》第四章

条文释义

本条依据内外资一致的原则要求外国投资者并购中国境内企业或者以其他方式参与经营者集中的，应按照《反垄断法》的规定接受审查，这体现了准入前国民待遇原则。

在之前的原外资三法中，并没有反垄断的相关内容。事实上，我国的《反垄断法》起步较晚，其最早是由第十届全国人民代表大会常务委员会第二十九次会议于 2007 年 8 月 30 日通过，现行的《反垄断法》是 2022 年修正的。《反垄断法》的实施也是我国保护市场公平竞争，提高经济运行效率，维护消费者利益和社会公共利益，促进社会主义市场经济健康发展的重要一步。《反垄断法》所规制的垄断行为包括经营者达成垄断协议、经营者滥用市场支配地位，以及具有或者可能具有排除、限制竞争效果的经营者集中。

本条所明确指出的经营者集中审查正是《反垄断法》所规制的第三种形式，也就是业界俗称的并购过程中的反垄断审查。经营者集中是指下列情形：(1)经营者合并；(2)经营者通过取得股权或者资产的方式取得对其他经营者的控制权；(3)经营者通过合同等方式取得对其他经营者的控制权或者能够对其他经营者施加决定性影响。经营者集中达到国务院规定的申报标准的，经营者应当事先向国务院反垄断执法机构申报，未申报的不得实施集中。经营者集中有下列情形之一的，可以不向国务院反垄断执法机构申报：(1)参与集中的一个经营者拥有其他每个经营者 50% 以上有表决权的股份或者资产的；(2)参与集中的每个经营者 50% 以上有表决权的股份或者资产被同一个未参与集中的经营者拥有的。审查经营者集中，应当考虑下列因素：(1)参与集中的经营者在相关市场的市场份额及其对市场的控制力；(2)相关市场的市场集中度；(3)经营者集中对市场进入、技术进步的影响；(4)经营者集中对消费者和其他有关经营者的影响；(5)经营者集中对国民经济发展的影响；(6)国务院反垄断执法机构认为应当考虑的影响市场竞争的其他因素。配套法规国务院《关于经营者集中申报标准的规定》(国务院令第529号)于2008年8月3日出台，现行该规定是于2023年12月29日修订通过，并于2024年国务院令第773号文公布的。该规定要求，经营者集中达到下列标准之一的，经营者应当事先向国务院反垄断执法机构申报，未申报的不得实施集中：(1)参与集中的所有经营者上一会计年度在全球范围内的营业额合计超过120亿元人民币，并且其中至少两个经营者上一会计年度在中国境内的营业额均超过8亿元人民币；(2)参与集中的所有经营者上一会计年度在中国境内的营业额合计超过40亿元人民币，并且其中至少两个经营者上一会计年度在中国境内的营业额均超过8亿元人民币。

2007年公布的《反垄断法》第31条(现行2022年修正版本第38条)明确指出，对外资并购境内企业或者以其他方式参与经营者集中的，依照《反垄断法》进行经营者集中审查。据此，2009年6月22日商务部对《关于外国投资者并购境内企业的规定》进行了修改，对内外资经营者集中审查的标准进行了统一。可以说，《外商投资法》第33条的设立呼应了《反垄断法》的已有内容，顺应了国际上对于外资并购审查的通行标准，并借助了自贸区反垄断审查的有效经验，在市场准入的基础上就公平竞争问题作出了规定，在吸引外资的同时为促进经济发展，维护消费者利益和国家利益提供了有效保障。

尽管《外商投资法》第33条明确规定外国投资者并购中国境内企业或者以其他方式参与经营者集中的，应当依照《反垄断法》的规定接受经营者集中审查，但对于外资准入与反垄断审查之间的具体衔接，《外商投资法》和《外商投资法实施条例》均未涉及。为此，2022 年我国对反垄断法进行修正，随后完成《禁止垄断协议规定》等 5 部反垄断法规配套规章，为合规经营提供了更清晰的指引。

法律适用

2021 年 1 月 10 日，百度在线网络技术（北京）有限公司（以下简称百度在线）与浙江吉利控股集团有限公司（以下简称吉利）签署《百度在线网络技术（北京）有限公司及浙江吉利控股集团有限公司关于设立新能源汽车领域合资公司之合资经营合同》，设立合营企业，百度在线与吉利分别持股 55% 和 45%。根据上述协议，合营企业由双方共同控制。2021 年 3 月 2 日，合营企业取得营业执照。2021 年 5 月 11 日，国家市场监督管理总局对“百度在线与吉利设立合营企业涉嫌未依法申报违法实施经营者集中案”进行立案调查。经调查，该案构成未依法申报违法实施的经营者集中，但不具有排除、限制竞争的效果。为此，国家市场监督管理总局签发国市监处罚〔2021〕116 号行政处罚决定书，对百度在线与吉利未依法申报违法实施经营者集中进行了处罚。

条文内容

第三十四条　国家建立外商投资信息报告制度。外国投资者或者外商投资企业应当通过企业登记系统以及企业信用信息公示系统向商务主管部门报送投资信息。

外商投资信息报告的内容和范围按照确有必要的原则确定；通过部

门信息共享能够获得的投资信息，不得再行要求报送。

关联法律

商务部、市场监督管理总局《外商投资信息报告办法》

商务部办公厅、市场监督管理总局办公厅《关于进一步完善外商投资信息报告制度　加强和完善事中事后监管工作的通知》（商办资函〔2020〕240号）

《外商投资法实施条例》第三十八条　外国投资者或者外商投资企业应当通过企业登记系统以及企业信用信息公示系统向商务主管部门报送投资信息。国务院商务主管部门、市场监督管理部门应当做好相关业务系统的对接和工作衔接，并为外国投资者或者外商投资企业报送投资信息提供指导。

《外商投资法实施条例》第三十九条　外商投资信息报告的内容、范围、频次和具体流程，由国务院商务主管部门会同国务院市场监督管理部门等有关部门按照确有必要、高效便利的原则确定并公布。商务主管部门、其他有关部门应当加强信息共享，通过部门信息共享能够获得的投资信息，不得再行要求外国投资者或者外商投资企业报送。外国投资者或者外商投资企业报送的投资信息应当真实、准确、完整。

条文释义

本条规定了外商投资信息报告制度。本条也是《外商投资法》的一大特点。

传统的外商投资监管体系更强调对于准入阶段的监管,其往往忽视了在准入后对外商运行过程中的监管。在外商准入监管不断减少,外资进入越来越简便的情况下,准入后的外资企业的运营也被考虑纳入监管体系。外商投资信息报告制度是在准入条件简化的情况下的一种事后补充监管,其形成了事前事后监管的有效互动,优化投资和营商环境。

本条规定外国投资者或者外商投资企业应当通过企业登记系统以及企业信用信息公示系统向商务主管部门报送投资信息。外商投资信息报告的内容和范围按照确有必要的原则确定;通过部门信息共享能够获得的投资信息,不得再行要求报送。此信息报告制度并未在原外资三法中涉及,故我们可将其视为《外商投资法》的一个创新。信息报告制度有助于外商投资主管部门及时掌握在中国境内的外商投资情况,有利于对其进行有效管理。尤其是针对负面清单领域外的外商投资,外商投资主管部门能够借此制度在放宽准入门槛的同时,强化事中事后监管。同时,《外商投资法》第34条的规定明确了信息报告的内容和范围应为“确有必要”,而且只要相关信息能够在政府部门共享,外国投资者或外商投资企业就无须重复报送有关信息,从而可以降低投资者及企业的办事成本和合规成本。

信息报告制度的科学与否关系外商投资者能否真正享受“内外一致”的投资待遇。报告的信息范围、频率、方式等问题,一方面涉及我国主管机关对外商投资活动事中、事后监管，尺度宽松则起不到了解投资经营把控预警风险的作用；另一方面信息报告义务系外商投资企业的一项负担，如果尺度把握过严苛，报告内容繁杂、频率过高、手续烦琐，则可能打击外国投资者积极性，起不到鼓励投资的作用。因此，商务部、国家市场监督管理总局于 2019 年 12 月联合制定了《外商投资信息报告办法》(商务部、国家市场监督管理总局令第 2 号)，自 2020 年 1 月 1 日起施行。这是商务部、国家市场监督管理总局为落实《外商投资法》第 34 条规定及《外商投资法实施条例》有关条款要求，就外商投资信息报告管理制度做出细化规定的重要举措。

外商投资信息报告制度是外资领域“放管服”改革的重大成果，其大幅减轻了外国投资者和外商投资企业的负担。《外商投资信息报告办法》按照确有必要、高效便利的原则，科学合理地设定了信息报送内容和范围，对信息报告采集的数据项作了大幅精简。在《外商投资信息报告办法》设定的信息报告制度下，近 3 成数据项可通过部门共享方式采集，外国投资者或外商投资企业无须重复报送信息。例如，外商投资企业向市场监管部门报送的信息，将由市场监管部门向商务主管部门推送；外商投资企业在境内投资设立企业的信息将完全通过共享获得，企业无须另行报送；报送信息的流程进一步合并和优化。外商投资初始、变更、注销报告与市场监管部门的设立、变更、注销登记同步进行，年度报告与市场监管部门年报的报送时间、渠道相同，外国投资者或者外商投资企业无须向两部门分别报送投资信息。

法律适用

本条规定，外国投资者或者外商投资企业应当通过企业登记系统以及国家企业信用信息公示系统向商务主管部门报送投资信息。根据上述规定,《外商投资信息报告办法》进一步明确了以下情形的外商投资需由外国投资者或者外商投资企业报送投资信息:一是外国投资者直接在中国境内投资设立公司、合伙企业(包括银行、证券、保险等金融领域,下同);二是外国(地区)企业在中国境内从事生产经营活动;三是外国(地区)企业在中国境内设立从事生产经营活动的常驻代表机构等;四是外商投资企业在中国境内投资(含多层次投资)设立企业。《外商投资信息报告办法》对不同情形下的信息报告主体、报送方式、报送内容等作了明确规定:一是外国投资者在中国境内设立外商投资企业、股权并购境内非外商投资企业应通过企业登记系统提交初始报告,报送内容包括企业基本信息、投资者及其实际控制人信息、投资交易信息等。二是外商投资企业初始报告内的信息发生变更应通过企业登记系统提交变更报告,报送内容包括企业基本信息、投资者及其实际控制人等信息的变更情况。三是外商投资企业应当于每年1月1日至6月30日通过国家企业信用信息公示系统提交上一年度的年度报告,报送内容包括企业基本信息、投资者及其实际控制人信息、企业经营和资产负债等信息。四是外商投资企业的注销或转为内资企业的有关信息,由市场监管部门推送至商务主管部门。五是外商投资企业在境内投资(含多层次投资)设立企业的,无须单独提交报告,全部信息均由市场监管部门推送至商务主管部门。

根据2017年6月20日商务部《关于进一步加强对外商投资信息报告制度和信息公示平台建设有关工作的通知》(商资函〔2017〕318号),我国目前实施外商投资企业设立及变更备案报告、外商投资者企业年度投资经营信息联合报告制度,并建立外商投资信息公示平台。在《外商投资法》第34条将外商投资信息报告制度以人大立法的形式确认之后,信息报告制度的实施、具体的程序和内容的设定,以及后续的制度管理等方面都有待进一步的观察,并需要更详细的实施细则的配合。

条文内容

第三十五条　国家建立外商投资安全审查制度,对影响或者可能影响国家安全的外商投资进行安全审查。

依法作出的安全审查决定为最终决定。

关联法律

2020年《外商投资安全审查办法》(国家发展和改革委员会、商务部令第37号)

《外商投资法实施条例》第四十条　国家建立外商投资安全审查制度,对影响或者可能影响国家安全的外商投资进行安全审查。

条文释义

外商投资国家安全审查制度,是通过专门机构对外商投资进行审查,对影响或可能影响国家安全的外商投资予以限制或禁止,是当前多数国家和地区普遍建立的外资管理基础制度。本条对针对中国的外商投资的国家安全审查作出了原则性规定。本条第 2 款所说的安全审查决定为最终决定应该理解为安全审查部门作出的决定不可进行行政复议,同时也完全排除法院对外资审查决定进行司法审查之可能。

在外商投资的过程中,国家安全问题一直是投资管理制度的重点领域,其核心问题是如何平衡国家安全和外资市场开放之间的关系。如果不能全面有效防范外资流入引发的国家安全风险,东道主的国家安全和根本利益将受到严重损害。虽然在原外资三法中没有明确的安全审查制度,但在《外商投资法》出台之前我国就关注到安全审查的问题。2007 年版的《反垄断法》就指出,对外资并购境内企业或者以其他方式参与经营者集中,涉及国家安全的,还应当按照国家有关规定进行国家安全审查(第 31 条)。2011 年 2 月 3 日,国务院办公厅发布《关于建立外国投资者并购境内企业安全审查制度的通知》(国办发〔2011〕6 号),将并购安全审查的范围确定为:外国投资者并购境内军工及军工配套企业,重点、敏感军事设施周边企业,以及关系国防安全的其他单位;外国投资者并购境内关系国家安全的重要农产品、重要能源和资源、重要基础设施、重要运输服务、关键技术、重大装备制造等企业,且实际控制权可能被外国投资者取得。该通知规定的外国投资者并购境内企业是指下列情形:(1)外国投资者购买境内非外商投资企业的股权或认购境内非外商投资企业增资,使该境内企业变更设立为外商投资企业。(2)外国投资者购买境内外商投资企业中方股东的股权,或者认购境内外商投资企业增资。(3)外国投资者设立外商投资企业,并通过该外商投资企业协议购买境内企业资产并且运营该资产,或者通过该外商投资企业购买境内企业股权。(4)外国投资者直接购买境内企业资产,并以该资产投资设立外商投资企业运营该资产。该通知将外国投资者取得实际控制权定义为外国投资者通过并购成为境内企业的控股股东或实际控制人,其包括下列情形:(1)外国投资者及其控股母公司、控股子公司在并购后持有的股份总额在50%以上。(2)数个外国投资者在并购后持有的股份总额合计在50%以上。(3)外国投资者在并购后所持有的股份总额不足50%,但依其持有的股份所享有的表决权已足以对股东会或股东大会、董事会的决议产生重大影响。(4)其他导致境内企业的经营决策、财务、人事、技术等实际控制权转移给外国投资者的情形。该通知确定的并购安全审查内容包括:(1)并购交易对国防安全,包括对国防需要的国内产品生产能力、国内服务提供能力和有关设备设施的影响。(2)并购交易对国家经济稳定运行的影响。(3)并购交易对社会基本生活秩序的影响。(4)并购交易对涉及国家安全关键技术研发能力的影响。该通知授权商务部进行外资并购安全审查。商务部在《商务部实施外国投资者并购境内企业安全审查制度有关事项的暂行规定》(商务部公告2011年第8号)的基础上,于2011年8月25日出台《商务部实施外国投资者并购境内企业安全审查制度的规定》(商务部公告2011年第53号),明确了申请人应提交的文件和安全审查程序。

自贸区建立后,国务院办公厅于2015年4月8日印发《自由贸易试验区外商投资国家安全审查试行办法》(国办发〔2015〕24号)。该试行办法明确安全审查范围总的原则是,对影响或可能影响国家安全、国家安全保障能力,涉及敏感投资主体、敏感并购对象、敏感行业、敏感技术、敏感地域的外商投资进行安全审查。该办法确定的安全审查范围为:外国投资者在自贸试验区内投资军工、军工配套和其他关系国防安全的领域,以及重点、敏感军事设施周边地域;外国投资者在自贸试验区内投资关系国家安全的重要农产品、重要能源和资源、重要基础设施、重要运输服务、重要文化、重要信息技术产品和服务、关键技术、重大装备制造等领域,并取得所投资企业的实际控制权。对安全审查范围内的外国投资的审查内容包括:(1)外商投资对国防安全,包括对国防需要的国内产品生产能力、国内服务提供能力和有关设施的影响。(2)外商投资对国家经济稳定运行的影响。(3)外商投资对社会基本生活秩序的影响。(4)外商投资对国家文化安全、公共道德的影响。(5)外商投资对国家网络安全的影响。(6)外商投资对涉及国家安全关键技术研发能力的影响。区别于原先由商务部负责外资并购安全审查工作,自贸区外商投资安全审查工作由外国投资者并购境内企业安全审查部际联席会议(以下简称联席会议)具体承担。在联席会议机制下,国家发改委、商务部根据外商投资涉及的领域,会同相关部门开展安全审查。

本条中的具体适用问题,例如审查机关、安全审查范围、安全审查的标准和内容、审查程序等,还需根据国家发改委和商务部制定、国务院办公厅于 2020 年 12 月19 日发布的《外商投资安全审查办法》执行。

法律适用

《外商投资安全审查办法》规定外商投资安全审查覆盖外国投资者直接或者间接在中国境内进行的投资活动,包括外国投资者投资新建项目或者设立企业、外国投资者并购股权或资产、外国投资者通过其他方式的投资,即除了传统的外资并购外还包括绿地投资。属于审查范围的外商投资有两大类:一是投资军工、军工配套等关系国防安全的领域,以及在军事设施和军工设施周边地域投资;二是投资关系国家安全的重要农产品、重要能源和资源、重大装备制造、重要基础设施、重要运输服务、重要文化产品与服务、重要信息技术和互联网产品与服务、重要金融服务、关键技术以及其他重要领域,并取得所投资企业的实际控制权。

对于审查机构,《外商投资安全审查办法》规定,国家建立外商投资国家安全审查工作机制,工作机制办公室设在国家发改委,由国家发改委和商务部牵头,承担外商投资国家安全审查的日常工作。在安全审查的程序方面,《外商投资安全审查办法》规定,对于安全审查的发起,有关单位和个人也可向工作机制办公室提出审查建议。但是属于审查范围的外商投资的,当事人应在实施投资前主动申报,工作机制办公室也有权要求当事人申报。工作机制办公室作出决定前,当事人不得实施投资。对于应报未报的外商投资,工作机制办公室有权要求其限期申报;审查分为3个阶段:初步审查,在收到符合申报要求的材料之日起15个工作日内,决定是否启动安全审查;一般审查,在启动安全审查之日起30个工作日内作出通过审查的决定,或者按程序进入下一阶段审查;特别审查为期60个工作日,只有未通过一般审查的投资才会进入特别审查,特殊情况下可以延长特别审查时限,在审查期间,当事人可以修改投资方案或者撤销投资。关于安全审查决定的效力,《外商投资安全审查方法》规定,外商投资不影响国家安全的,工作机制办公室应当作出通过安全审查的决定,当事人可实施投资。经过特别审查程序,工作机制办公室认为申报的外商投资影响国家安全的,作出禁止投资的决定,不得实施投资;如果通过附加条件能够消除对国家安全的影响,且当事人书面承诺接受附加条件的,可以作出附条件通过安全审查的决定。依法作出的外商投资国家安全审查决定为最终决定,即不得提起行政复议和行政诉讼。

对于违反办法的处罚,《外商投资安全审查方法》规定,对于当事人拒不申报、弄虚作假且已实施投资、不执行附加条件等违规行为,可责令其限期处分股权或者资产以及采取其他必要措施,恢复到投资实施前的状态,消除对国家安全的影响。另外,应将其作为不良信用记录纳入国家有关的信用信息系统,并按照相应规定对其实施联合惩戒。

自《外商投资安全审查方法》2021年1月施行以来,已经有多宗外商投资交易提交国家发改委申报国家安全审查。已有国家安全审查实践呈现如下特征:就发起安全审查方而言,一部分交易系审查机构依据职权主动联系相关交易方要求其提交的申报;另一部分交易涉及外国投资者并购境内企业、涉及军工行业或重要领域，由交易方主动提交的申报。就审查的外商投资形式而言，外资向外资转让股权/资产的交易并不是外商投资安全审查的法定豁免情形，需结合交易及其所涉行业的具体情形进行判断。就安全审查的先例而言，无论是通过审查、附加条件通过还是禁止一项外商投资交易，审查机构没有法定义务，且实践中亦未公开相关的审查决定，市场上缺乏先例可循。因此，从整体而言，审查机构对"实际控制权"、外商投资"重要领域"、"影响或者可能影响国家安全"等问题的解释和判断标准具有较大的裁量空间，尚待随着执法实践的发展进一步明晰。

第六章

法律责任

条文内容

第三十六条　外国投资者投资外商投资准入负面清单规定禁止投资的领域的，由有关主管部门责令停止投资活动，限期处分股份、资产或者采取其他必要措施，恢复到实施投资前的状态；有违法所得的，没收违法所得。

外国投资者的投资活动违反外商投资准入负面清单规定的限制性准入特别管理措施的，由有关主管部门责令限期改正，采取必要措施满足准入特别管理措施的要求；逾期不改正的，依照前款规定处理。

外国投资者的投资活动违反外商投资准入负面清单规定的，除依照前两款规定处理外，还应当依法承担相应的法律责任。

关联法律

《外商投资法实施条例》第三十四条　有关主管部门在依法履行职责过程中，对外国投资者拟投资负面清单内领域，但不符合负面清单规定的，不予办理许可、企业登记注册等相关事项；涉及固定资产投资项目核准的，不予办理相关核准事项。有关主管部门应当对负面清单规定执行情况加强监督检查，发现外国投资者投资负面清单规定禁止投资的领域，或者外国投资者的投资活动违反负面清单规定的限制性准入特别管理措施的，依照外商投资法第三十六条的规定予以处理。

《外商投资法》第二十八条　外商投资准入负面清单规定禁止投资的领域，外国投资者不得投资。

外商投资准入负面清单规定限制投资的领域，外国投资者进行投资应当符合负面清单规定的条件。

外商投资准入负面清单以外的领域，按照内外资一致的原则实施管理。

条文释义

本条系外国投资者违反负面清单的法律后果，其中包括对禁止性领域和限制性领域投资的法律后果。

第1款系投资禁止性领域的法律后果。由于禁止性领域涉及的行业敏感，其属于开放投资的禁区，对这类违规投资活动采取绝对清除的态度，毫无缓和余地。主管部门采取措施的最终目的系恢复到外国投资者实施投资前的状态，故此一经发现必须责令立即停止投资活动，通俗地讲，也就是不能错得更多，并限期外国投资者自行采取纠正措施，如处分股权、资产等。如果其未能自行纠错，则不排除主管部门采取其他必要的强制措施，笔者认为，应当包含强制变卖股权、资产或其他行政强制措施。需要注意的是，对于违反负面清单的投资活动所得盈利，应明确规定按没收处理，但没收的范围应当限于违法所得，而不包括前述外国投资者的投资款或其他资产，这体现了我国《外商投资法》不存在变相征收和保护外国投资者权益的立法态度。

第2款系投资限制性领域的法律后果。主管部门首先是限期改正，可见给予了一定的缓冲态度。如果限期改正符合了准入特别管理措施的要求，则外国投资者仅依第3款规定承担行政处罚即可；如果限期未能改正，则按照第1款规定责令其停止投资活动，采取处分股权及资产的措施使之恢复到实施投资前的状态，同时没收违法所得。

第3款是与第1款、第2款同时并行的后果，即违反负面清单的外国投资者还需要承担其他相应的法律后果，应当包含民事法律责任、行政法律责任、刑事法律责任。民事法律责任主要指在实施投资活动过程中会进行必要的商业交往，如采购办公用品等行为，所签订的民商事合同不因投资行为无法通过行政审批而无效，相应的合同义务仍应当履行，如果存在违约或合同解除、撤销等仍应当承担相应的赔偿责任。外国投资者基于股权转让等方式进行的投资行为，股权转让协议效力、隐名持股协议效力等问题应当依据《公司法》及公司法5部司法解释、最高人民法院《关于审理外商投资企业纠纷案件若干问题的规定（一）》（2020年修正）（法释〔2020〕18号）等规定，对相应民事纠纷承担责任。行政法律责任，主要指对于违反负面清单的外国投资者及外商投资企业实施的行政处罚措施，如罚款、责令停业、暂扣或吊销许可证、吊销营业执照等。刑事责任，如危害了我国国家安全等行为，涉及犯罪的，应当追究刑事责任。

法律适用

例如，一家印刷厂承接了一项印刷业务，因印刷的出版物被举报存在质量问题，有关部门在调查过程中发现该印刷厂实际上是由一个外国个人与中国个人投资共建的，外国投资者以先进的印刷机作价投资，中方投资者以劳务出资，双方约定按照中外方四六开的比例分红。当时有效的2021年版《外商投资准入特别管理措施（负面清单）》要求“出版物印刷须由中方控股”，据此，当地市场监管总局对该印刷厂实施了罚款处罚，暂扣了营业执照，并要求限期改正。

对于针对在禁止性领域投资的外国投资者的处罚，本条措辞“恢复到投资前的状态”，具体指恢复到哪一个点，有待进一步统一。在投资过程中可能产生了非常多的行为，笔者认为，应当以“是否与经营有既然联系”为标准。例如，为经营禁止性领域而购置的设备应当予以处置，而为投资租赁的房屋、购买的普通办公用品等可另做他用的行为，可以不在恢复范围之内。

条文内容

第三十七条　外国投资者、外商投资企业违反本法规定，未按照外商投资信息报告制度的要求报送投资信息的，由商务主管部门责令限期改正；逾期不改正的，处十万元以上五十万元以下的罚款。

关联法律

《外商投资信息报告办法》（商务部、国家市场监督管理总局令第2号）第二十五条　外国投资者或者外商投资企业未按照本办法要求报送投资信息，且在商务主管部门通知后未按照本办法第十九条予以补报或更正的，由商务主管部门责令其于20个工作日内改正；逾期不改正的，处十万元以上三十万元以下罚款；逾期不改正且存在以下情形的，处三十万元以上五十万元以下罚款：

（一）外国投资者或者外商投资企业故意逃避履行信息报告义务，或在进行信息报告时隐瞒真实情况、提供误导性或虚假信息；

（二）外国投资者或者外商投资企业就所属行业、是否涉及外商投资准入特别管理措施、企业投资者及其实际控制人等重要信息报送错误；

（三）外国投资者或者外商投资企业未按照本办法要求报送投资信息，并因此受到行政处罚的，两年内再次违反本办法有关要求；

（四）商务主管部门认定的其他严重情形。

商务部《关于进一步加强外商投资信息报告制度和信息公示平台建设有关工作的通知》（商资函〔2017〕318号）

条文释义

本条系违反信息报告制度的法律后果，其对应的主管机关和处罚机关为商务主管部门。相应的处罚标准相较此前对外商投资管理的处罚标准更重，其直接从10万元起罚。现已失效的《外商投资企业设立及变更备案管理暂行办法》（2018年修正）第24条规定违反备案义务的仅在3万元以下进行处罚；第25条、第26条对违反准入特别管理措施在限制和禁止领域进行投资活动的，亦仅在3万元以下进行处罚。

从《外商投资法》第34条和第37条规定来看，外商投资者和外商投资企业均有信息报告义务。但需要注意的是，2023年《公司法》在“法律责任”一节第254条,针对会计账簿的设立和报送规定了处罚条款,而本条和《外商投资信息报告办法》均未区分系对外国投资者(外国实体或个人)还是对外商投资企业(我国实体)进行处罚,这与外商投资企业形式可能系公司、合伙、过渡期的原三资企业等有关,不同的组织形式需要报送的信息内容或不尽相同,报送义务与法律责任应当相对应。《外商投资法》作为概括性的法律性质定位,不宜做具体规范,这点需要后续的规范性文件进行明确说明。

法律适用

下面为典型的外商投资企业因违反本条规定,未按照外商投资信息报告制度的要求报送投资信息的,将由商务主管部门给予责令改正通知和行政处罚决定。

条文内容

第三十八条　对外国投资者、外商投资企业违反法律、法规的行为,由有关部门依法查处,并按照国家有关规定纳入信用信息系统。

关联法律

《劳动法》(2018年修正)第十二章

《市场主体登记管理条例》第四十条　提交虚假材料或者采取其他欺诈手段隐瞒重要事实取得市场主体登记的，受虚假市场主体登记影响的自然人、法人和其他组织可以向登记机关提出撤销市场主体登记的申请。

登记机关受理申请后，应当及时开展调查。经调查认定存在虚假市场主体登记情形的，登记机关应当撤销市场主体登记。相关市场主体和人员无法联系或者拒不配合的，登记机关可以将相关市场主体的登记时间、登记事项等通过国家企业信用信息公示系统向社会公示，公示期为45日。相关市场主体及其利害关系人在公示期内没有提出异议的，登记机关可以撤销市场主体登记。

因虚假市场主体登记被撤销的市场主体，其直接责任人自市场主体登记被撤销之日起3年内不得再次申请市场主体登记。登记机关应当通过国家企业信用信息公示系统予以公示。

《市场主体登记管理条例》第四十三条　未经设立登记从事经营活动的，由登记机关责令改正，没收违法所得；拒不改正的，处1万元以上10万元以下的罚款；情节严重的，依法责令关闭停业，并处10万元以上50万元以下的罚款。

《公司法》(2023年修订)第二百四十一条第一款　公司被吊销营业执照、责令关闭或者被撤销，满三年未向公司登记机关申请注销公司登记的，公司登记机关可以通过国家企业信用信息公示系统予以公告，公告期限不少于六十日。公告期限届满后，未有异议的，公司登记机关可以注销公司登记。

《国家企业信用信息公示系统使用运行管理办法(试行)》(工商办字〔2017〕104号)

条文释义

本条与《外商投资法》第6条规定的外国投资者和外商投资企业的遵守中国法律法规义务相配合,是针对外国投资者和外商投资企业违反包括《外商投资法》在内的法律法规的处罚规定。外国投资者和外商投资企业违反不同法律法规的行为,将由不同的执法机构依照不同的法律法规处理。例如,外商投资企业违反《劳动法》的规定,就将按照《劳动法》第十二章法律责任规定处罚。这其中包括制定的劳动规章制度违反法律、法规规定的;违反本法规定,延长劳动者工作时间的;有克扣或者无故拖欠劳动者工资等行为侵害劳动者合法权益的;其劳动安全设施和劳动卫生条件不符合国家规定或者未向劳动者提供必要的劳动防护用品和劳动保护设施的;用人单位强令劳动者违章冒险作业,发生重大伤亡事故,造成严重后果的;非法招用未满16周岁的未成年人的;以暴力、威胁或者非法限制人身自由的手段强迫劳动的;等等。

本条规定的处罚特点是可以将外国投资者和外商投资企业的违法行为与信用信息系统联系起来。就外国投资者和外商投资企业违反《外商投资法》而言,除要按照本章其他条款规定(如第36条、第37条)的相应处罚,其违法记录还将被纳入信用信息系统。

《外商投资法》并非唯一将信用信息列入条文文本的法律,本条款也并非对外国投资者及外商投资企业的特别措施。2014年国务院《关于印发社会信用体系建设规划纲要(2014—2020年)的通知》(国发〔2014〕21号),确立了我国社会信用体系建设的主要目标是:到2020年,社会信用基础性法律法规和标准体系基本建立,以信用信息资源共享为基础的覆盖全社会的征信系统基本建成,信用监管体制基本健全,信用服务市场体系比较完善,守信激励和失信惩戒机制全面发挥作用。目前,我国在商业交往中经常使用并发挥重要作用的信用信息系统有:

中国人民银行建立的征信系统(http://www.pbccrc.org.cn/),即由征信中心负责的信息数据库。该系统可以提供个人征信报告和企业征信报告,系个人与企业申请融资及评级等商业行为的重要文件。随着《外商投资法》第17条对外商投资企业融资渠道的扩宽,征信系统将发挥重要作用。目前该系统已经可以查询和中国金融机构发生过信贷交易的外国人的征信报告。

国家市场监督管理总局建立的国家企业信用信息公示系统(http://www.gsxt.gov.cn/index.html),《外商投资法》第34条明确提到该系统。该系统除向社会公布企业信息外,还依据《严重违法失信企业名单管理暂行办法》(已失效)对列入严重违法失信企业名单的企业实施信用约束、部门联合惩戒,并通过企业信用信息公示系统向社会公示。

最高人民法院依据《关于公布失信被执行人名单信息的若干规定》(2017年修正)开通的全国法院失信被执行人名单信息公布与查询平台(https://zxgk.court.gov.cn)。该平台将未履行生效判决义务的被执行人纳入失信名单并向社会公布。被纳入失信被执行人名单的,各级法院将向政府相关部门、金融监管机构、金融机构、承担行政职能的事业单位及行业协会等通报失信被执行人名单信息,供相关单位依照法律、法规和有关规定,在政府采购、招标投标、行政审批、政府扶持、融资信贷、市场准入、资质认定等方面,对失信被执行人予以信用惩戒;将向征信机构通报失信被执行人名单信息,并由征信机构在其征信系统中记录。

法律适用

某县人民法院审理的“王某某与金某某委托合同纠纷案”涉及两案外当事人“张家燕窝有限公司”“张家国际有限公司”。经该法院“向某市场监督管理局查询,无法查询到上述公司,系统提示‘没有符合条件的数据’”。与此同时,法院向某市商务部门查询,上述两公司也未报告过外商投资信息。该两公司既未向市场监管部门登记注册,也未向商务部门报告外商投资企业信息,却以外商投资企业名义从事业务,这显然构成本条所指的违反法律、法规的行为。该法院告知某市市场监督管理局,后者按照《市场主体登记管理条例》第43条处罚涉案公司。

条文内容

第三十九条　行政机关工作人员在外商投资促进、保护和管理工作中滥用职权、玩忽职守、徇私舞弊的,或者泄露、非法向他人提供履行职责过程中知悉的商业秘密的,依法给予处分;构成犯罪的,依法追究刑事责任。

关联法律

《外商投资企业投诉工作办法》第二十九条　投诉工作机

构及其工作人员在处理外商投资企业投诉过程中滥用职权、玩忽职守、徇私舞弊的，或者泄露、非法向他人提供投诉处理过程中知悉的商业秘密、保密商务信息和个人隐私的，依据《中华人民共和国外商投资法》第三十九条的规定处理。

《外商投资项目核准和备案管理办法》(2014 年修正)第三十一条　项目核准和备案机关工作人员，在项目核准和备案过程中滥用职权谋取私利，构成犯罪的，依法追究刑事责任；尚不构成犯罪的，依法给予行政处分。

《刑法》(2023 年修正)第二百一十九条　【侵犯商业秘密罪】有下列侵犯商业秘密行为之一，情节严重的，处三年以下有期徒刑，并处或者单处罚金；情节特别严重的，处三年以上十年以下有期徒刑，并处罚金：

……

(三)违反保密义务或者违反权利人有关保守商业秘密的要求，披露、使用或者允许他人使用其所掌握的商业秘密的。

明知前款所列行为，获取、披露、使用或者允许他人使用该商业秘密的，以侵犯商业秘密论。

本条所称权利人，是指商业秘密的所有人和经商业秘密所有人许可的商业秘密使用人。

《刑法》(2023 年修正)第三百八十八条　【斡旋受贿犯罪】国家工作人员利用本人职权或者地位形成的便利条件，通过其他国家工作人员职务上的行为，为请托人谋取不正当利益,索取请托人财物或者收受请托人财物的,以受贿论处。

《刑法》(2023 年修正)第三百九十七条 【滥用职权罪】【玩忽职守罪】国家机关工作人员滥用职权或者玩忽职守,致使公共财产、国家和人民利益遭受重大损失的,处三年以下有期徒刑或者拘役;情节特别严重的,处三年以上七年以下有期徒刑。本法另有规定的,依照规定。

国家机关工作人员徇私舞弊,犯前款罪的,处五年以下有期徒刑或者拘役;情节特别严重的,处五年以上十年以下有期徒刑。本法另有规定的,依照规定。

条文释义

本条极具概括性,可以涵盖外商投资者在我国境内进行投资活动的全部过程(投资促进、保护、管理工作)中所接触的全部机关工作人员,无论具体行政机关的职能作何调整,本条都可以作为基本法律依据从而规范行政机关工作人员的行为。本条为已有如下的部门规章提供了明确的专门上位法依据:国家发改委《外商投资项目核准和备案管理办法》(2014 年修正)第 31 条规定:“项目核准和备案机关工作人员,在项目核准和备案过程中滥用职权谋取私利,构成犯罪的,依法追究刑事责任;尚不构成犯罪的,依法给予行政处分。”

法律适用

本条立法最大的亮点在于,明确了行政机关工作人员“泄露、非法向他人提供履职过程中知悉的商业秘密”需要承担行政处罚,构成犯罪的承担刑事责任。这一规定在《外商投资法》二审稿中并未列明,直到全国人民代表大会上审议时经人民代表提议才在最终文本中添加。笔者认为,这一内容其实可以涵盖在滥用职权或玩忽职守之内,但在立法中明确予以规定具有强调性作用,从一定程度上体现了现代商业经营对商业秘密的敏感态度以及我国立法对商业秘密保护的支持。

行政机关工作人员在履职过程中的不当行为需要承担的责任,行政处分主要依据《公务员法》《行政机关公务员处分条例》《监察法》《公职人员政务处分暂行规定》等,刑事责任主要按照《刑法》(2023 年修正)第 219 条侵犯商业秘密罪、第 388 条斡旋受贿犯罪、第 397 条滥用职权罪和玩忽职守罪处理。

第七章

附　则

条文内容

第四十条　任何国家或者地区在投资方面对中华人民共和国采取歧视性的禁止、限制或者其他类似措施的，中华人民共和国可以根据实际情况对该国家或者该地区采取相应的措施。

关联法律

联合国国际法委员会《国家对国际不法行为的责任条款草案》第二章

条文释义

这条实际上规定了针对其他国家或地区对我国投资采取歧视性措施时的反措施。在对外贸易领域，我国《对外贸易法》(2022 年修正)第 7 条就是与本条内容类似的反措施条款："任何国家或者地区在贸易方面对中华人民共和国采取歧视性的禁止、限制或者其他类似措施的，中华人民共和国可以根据实际情况对该国家或者该地区采取相应的措施。"

综观原外资三法及其他涉外商投资的法律性文件，均未对反措施作相应规定，时至今日，《外商投资法》首次在国内法层面规定这一条款，主要原因系与我国投资地位的变化有关。中国从过去投资主要目的地的角色转变为投资主要目的地和投资主要来源地的双重角色,故此有必要从国内法层面明确保障我国对外投资。

本条应当理解为两层含义:第一,对未与我国签订任何投资协定的国家,如果对我国采用歧视性不利待遇,则我国适用对等原则。这类应当主要是指开放市场准入层面,当然这类在没有投资保护协定的情况下贸然投资的情况应较为罕见。第二,对与我国存在双边投资协定或涉投资内容自贸协定的国家,如果对我国采取歧视性不利待遇(既包含违反“国民待遇”,也包含违反“最惠国待遇”),则属于国家不法行为,应当承担责任,我国可以使用反措施。

联合国国际法委员会于 2001 年 11 月通过的《国家对国际不法行为的责任条款草案》第二章对反措施有明确规定。虽然该草案尚未生效,但其中体现的有关反措施的原则应当是国际社会公认的。结合相关规定,我国反措施应当做如下解读:

关于何时启动反措施,《外商投资法》采用的措辞是可以“根据实际情况”采取。结合《国家对国际不法行为的责任条款草案》第 52 条的规定,采取反措施之前应当通知对方并与之磋商,但紧急的可以采取必要的措施以维权。可见,虽然我国立法没有明确具体标准,但应会将反措施作为最后手段,仅在不得已的情况下采取,而何时算得上“不得已”则由国家判断。

法律适用

这里需要指出的是,本条规定的反措施往往是备而不用的。在我国投资协定或包含投资内容的自贸协定中,对于因履行相关协定而产生的国家之间的争端,一般可以寻求磋商的途径解决,如中韩《关于促进和保护投资的协定》第 8 条第 1 款规定“双方应立刻通过外交途径进行协商”。有的协定还设置了仲裁方式解决。① 我国与有些国家之间还设有联合委员会或混合委员会机制,可用来解决因协定执行产生的争端。② 换言之,如果双方能通过协定设置的争端解决机制解决争端,就无须诉之于本条规定的反措施。

此外,反措施必须是有限的,本法与《对外贸易法》均采用的是“相应措施”的表述,应作以下两方面理解:一是相应措施而非相同措施,采取反措施时,可以是相同领域的也可以是跨领域的;二是无论采取何种措施,该措施必须是与损失相适应的,必须是有针对性且适度的。③《国家对国际不法行为的责任条款草案》第 51 条规定:“反措施必须和所遭受的损害相称,并应考虑到国际不法行为的严重程度和有关权利。”《外商投资法》第 40 条这一规定符合国际经贸关系中的对等原则,也符合中国目前在投资领域的现有国际义务,同时有利于推动非歧视原则成为国际投资领域的基本原则。

条文内容

第四十一条　对外国投资者在中国境内投资银行业、证券业、保险业等金融行业,或者在证券市场、外汇市场等金融市场进行投资的管理,国家另有规定的,依照其规定。

---

① 《中华人民共和国政府和大韩民国政府关于促进和保护投资的协定》第 8 条第 2 款规定:“如果争议在 6 个月内未被解决,根据缔约一方的要求,应将争议提交专设仲裁庭解决。”

② 中国和刚果于 1984 年 2 月 28 日签署了《中、刚合作混合委员会协定》,设立了中、刚经济、贸易和技术合作混合委员会,处理有关经济合作中的事务。

③ 参见周忠海主编:《国际法》,中国政法大学出版社 2008 年版,第 99 页。

关联法律

《商业银行法》第十一条　设立商业银行，应当经国务院银行业监督管理机构审查批准。

未经国务院银行业监督管理机构批准，任何单位和个人不得从事吸收公众存款等商业银行业务，任何单位不得在名称中使用“银行”字样。

《商业银行法》第十二条　设立商业银行，应当具备下列条件：

（一）有符合本法和《中华人民共和国公司法》规定的章程；

（二）有符合本法规定的注册资本最低限额；

（三）有具备任职专业知识和业务工作经验的董事、高级管理人员；

（四）有健全的组织机构和管理制度；

（五）有符合要求的营业场所、安全防范措施和与业务有关的其他设施。

设立商业银行，还应当符合其他审慎性条件。

《商业银行法》第十三条　设立全国性商业银行的注册资本最低限额为十亿元人民币。设立城市商业银行的注册资本最低限额为一亿元人民币，设立农村商业银行的注册资本最低限额为五千万元人民币。注册资本应当是实缴资本。

国务院银行业监督管理机构根据审慎监管的要求可以调整注册资本最低限额,但不得少于前款规定的限额。

《保险法》第六十七条　设立保险公司应当经国务院保险监督管理机构批准。

国务院保险监督管理机构审查保险公司的设立申请时,应当考虑保险业的发展和公平竞争的需要。

《保险法》第六十八条　设立保险公司应当具备下列条件:

(一)主要股东具有持续盈利能力,信誉良好,最近三年内无重大违法违规记录,净资产不低于人民币二亿元;

(二)有符合本法和《中华人民共和国公司法》规定的章程;

(三)有符合本法规定的注册资本;

(四)有具备任职专业知识和业务工作经验的董事、监事和高级管理人员;

(五)有健全的组织机构和管理制度;

(六)有符合要求的营业场所和与经营业务有关的其他设施;

(七)法律、行政法规和国务院保险监督管理机构规定的其他条件。

《保险法》第六十九条　设立保险公司,其注册资本的最低限额为人民币二亿元。

国务院保险监督管理机构根据保险公司的业务范围、经营规模,可以调整其注册资本的最低限额,但不得低于本条第一款规定的限额。

保险公司的注册资本必须为实缴货币资本。

《证券法》第一百一十八条　设立证券公司，应当具备下列条件，并经国务院证券监督管理机构批准：

（一）有符合法律、行政法规规定的公司章程；

（二）主要股东及公司的实际控制人具有良好的财务状况和诚信记录，最近三年无重大违法违规记录；

（三）有符合本法规定的公司注册资本；

（四）董事、监事、高级管理人员、从业人员符合本法规定的条件；

（五）有完善的风险管理与内部控制制度；

（六）有合格的经营场所、业务设施和信息技术系统；

（七）法律、行政法规和经国务院批准的国务院证券监督管理机构规定的其他条件。

未经国务院证券监督管理机构批准，任何单位和个人不得以证券公司名义开展证券业务活动。

《证券法》第一百一十九条　国务院证券监督管理机构应当自受理证券公司设立申请之日起六个月内，依照法定条件和法定程序并根据审慎监管原则进行审查，作出批准或者不予批准的决定，并通知申请人；不予批准的，应当说明理由。

证券公司设立申请获得批准的，申请人应当在规定的期限内向公司登记机关申请设立登记，领取营业执照。

证券公司应当自领取营业执照之日起十五日内，向国务院证券监督管理机构申请经营证券业务许可证。未取得经营证券业务许可证，证券公司不得经营证券业务。

《证券法》第一百二十条 经国务院证券监督管理机构核准，取得经营证券业务许可证，证券公司可以经营下列部分或者全部证券业务：

（一）证券经纪；

（二）证券投资咨询；

（三）与证券交易、证券投资活动有关的财务顾问；

（四）证券承销与保荐；

（五）证券融资融券；

（六）证券做市交易；

（七）证券自营；

（八）其他证券业务。

国务院证券监督管理机构应当自受理前款规定事项申请之日起三个月内，依照法定条件和程序进行审查，作出核准或者不予核准的决定，并通知申请人；不予核准的，应当说明理由。

证券公司经营证券资产管理业务的，应当符合《中华人民共和国证券投资基金法》等法律、行政法规的规定。

除证券公司外，任何单位和个人不得从事证券承销、证券保荐、证券经纪和证券融资融券业务。

证券公司从事证券融资融券业务，应当采取措施，严格防范和控制风险，不得违反规定向客户出借资金或者证券。

《证券法》第一百二十一条　证券公司经营本法第一百二十条第一款第(一)项至第(三)项业务的,注册资本最低限额为人民币五千万元;经营第(四)项至第(八)项业务之一的,注册资本最低限额为人民币一亿元;经营第(四)项至第(八)项业务中两项以上的,注册资本最低限额为人民币五亿元。证券公司的注册资本应当是实缴资本。

国务院证券监督管理机构根据审慎监管原则和各项业务的风险程度,可以调整注册资本最低限额,但不得少于前款规定的限额。

《外资银行管理条例》第七条　设立外资银行及其分支机构,应当经银行业监督管理机构审查批准。

《外资银行管理条例》第八条　外商独资银行、中外合资银行的注册资本最低限额为10亿元人民币或者等值的自由兑换货币。注册资本应当是实缴资本。

外商独资银行、中外合资银行在中华人民共和国境内设立的分行,应当由其总行无偿拨给人民币或者自由兑换货币的营运资金。外商独资银行、中外合资银行拨给各分支机构营运资金的总和,不得超过总行资本金总额的60%。

外国银行分行应当由其总行无偿拨给不少于2亿元人民币或者等值的自由兑换货币的营运资金。

国务院银行业监督管理机构根据外资银行营业性机构的业务范围和审慎监管的需要,可以提高注册资本或者营运资金的最低限额,并规定其中的人民币份额。

《外资银行管理条例》第九条 拟设外商独资银行、中外合资银行的股东或者拟设分行、代表处的外国银行应当具备下列条件:

(一)具有持续盈利能力,信誉良好,无重大违法违规记录;

(二)拟设外商独资银行的股东、中外合资银行的外方股东或者拟设分行、代表处的外国银行具有从事国际金融活动的经验;

(三)具有有效的反洗钱制度;

(四)拟设外商独资银行的股东、中外合资银行的外方股东或者拟设分行、代表处的外国银行受到所在国家或者地区金融监管当局的有效监管,并且其申请经所在国家或者地区金融监管当局同意;

(五)国务院银行业监督管理机构规定的其他审慎性条件。

拟设外商独资银行的股东、中外合资银行的外方股东或者拟设分行、代表处的外国银行所在国家或者地区应当具有完善的金融监督管理制度,并且其金融监管当局已经与国务院银行业监督管理机构建立良好的监督管理合作机制。

《外资银行管理条例》第十条 拟设外商独资银行的股东应当为金融机构,除应当具备本条例第九条规定的条件外,其中唯一或者控股股东还应当具备下列条件：

（一）为商业银行；

（二）资本充足率符合所在国家或者地区金融监管当局以及国务院银行业监督管理机构的规定。

《外资银行管理条例》第十一条　拟设中外合资银行的股东除应当具备本条例第九条规定的条件外，其中外方股东及中方唯一或者主要股东应当为金融机构，且外方唯一或者主要股东还应当具备下列条件：

（一）为商业银行；

（二）在中华人民共和国境内已经设立代表处；

（三）提出设立申请前1年年末总资产不少于100亿美元；

（四）资本充足率符合所在国家或者地区金融监管当局以及国务院银行业监督管理机构的规定。

《外资银行管理条例》第十二条　拟设分行的外国银行除应当具备本条例第九条规定的条件外，还应当具备下列条件：

（一）提出设立申请前1年年末总资产不少于200亿美元；

（二）资本充足率符合所在国家或者地区金融监管当局以及国务院银行业监督管理机构的规定；

（三）初次设立分行的，在中华人民共和国境内已经设立代表处2年以上。

《外资银行管理条例》第十三条　外国银行在中华人民共和国境内设立营业性机构的，除已设立的代表处外，不得增设代表处，但符合国家区域经济发展战略及相关政策的地区除外。

代表处经批准改制为营业性机构的，应当依法办理原代表处的注销登记手续。

《外资银行管理条例》第十四条　设立外资银行营业性机构，应当先申请筹建，并将下列申请资料报送拟设机构所在地的银行业监督管理机构：

（一）申请书，内容包括拟设机构的名称、所在地、注册资本或者营运资金、申请经营的业务种类等；

（二）可行性研究报告；

（三）拟设外商独资银行、中外合资银行的章程草案；

（四）拟设外商独资银行、中外合资银行各方股东签署的经营合同；

（五）拟设外商独资银行、中外合资银行的股东或者拟设分行的外国银行的章程；

（六）拟设外商独资银行、中外合资银行的股东或者拟设分行的外国银行及其所在集团的组织结构图、主要股东名单、海外分支机构和关联企业名单；

（七）拟设外商独资银行、中外合资银行的股东或者拟设分行的外国银行最近 3 年的年报；

（八）拟设外商独资银行、中外合资银行的股东或者拟设分行的外国银行的反洗钱制度；

（九）拟设外商独资银行的股东、中外合资银行的外方股东或者拟设分行的外国银行所在国家或者地区金融监管当局核发的营业执照或者经营金融业务许可文件的复印件及对其申请的意见书；

（十）国务院银行业监督管理机构规定的其他资料。

拟设机构所在地的银行业监督管理机构应当将申请资料连同审核意见，及时报送国务院银行业监督管理机构。

《外资保险公司管理条例》第五条　设立外资保险公司，应当经国务院保险监督管理机构批准。

设立外资保险公司的地区，由国务院保险监督管理机构按照有关规定确定。

《外资保险公司管理条例》第六条　设立经营人身保险业务的外资保险公司和经营财产保险业务的外资保险公司，其设立形式、外资比例由国务院保险监督管理机构按照有关规定确定。

《外资保险公司管理条例》第七条　合资保险公司、独资保险公司的注册资本最低限额为2亿元人民币或者等值的自由兑换货币；其注册资本最低限额必须为实缴货币资本。

外国保险公司分公司应当由其总公司无偿拨给不少于2亿元人民币或者等值的自由兑换货币的营运资金。

国务院保险监督管理机构根据外资保险公司业务范围、

经营规模,可以提高前两款规定的外资保险公司注册资本或者营运资金的最低限额。

《外资保险公司管理条例》第八条　申请设立外资保险公司的外国保险公司,应当具备下列条件:

(一)提出设立申请前1年年末总资产不少于50亿美元;

(二)所在国家或者地区有完善的保险监管制度,并且该外国保险公司已经受到所在国家或者地区有关主管当局的有效监管;

(三)符合所在国家或者地区偿付能力标准;

(四)所在国家或者地区有关主管当局同意其申请;

(五)国务院保险监督管理机构规定的其他审慎性条件。

《外商投资证券公司管理办法》第三条　中国证券监督管理委员会(以下简称中国证监会)负责对外商投资证券公司的审批和监督管理。

《外商投资证券公司管理办法》第四条　外商投资证券公司的名称、组织形式、注册资本、业务范围、组织机构的设立及职责以及股东、董事、监事、高级管理人员等,应当符合公司法、证券法等法律、法规和中国证监会的有关规定。

《外商投资证券公司管理办法》第五条　设立外商投资证券公司除应当符合公司法、证券法、《证券公司监督管理条例》和经国务院批准的中国证监会规定的证券公司设立条件外，还应当符合下列条件：

（一）境外股东具备本办法规定的资格条件，其出资比例、出资方式符合本办法的规定；

（二）初始业务范围与控股股东或者第一大股东的经营证券业务经验相匹配；

（三）中国证监会规定的其他审慎性条件。

《外商投资证券公司管理办法》第六条　外商投资证券公司的境外股东，应当具备下列条件：

（一）所在国家或者地区具有完善的证券法律和监管制度，相关金融监管机构已与中国证监会或者中国证监会认可的机构签定证券监管合作谅解备忘录，并保持着有效的监管合作关系；

（二）为在所在国家或者地区合法成立的金融机构，近3年各项财务指标符合所在国家或者地区法律的规定和监管机构的要求；

（三）持续经营证券业务5年以上，近3年未受到所在国家或者地区监管机构或者行政、司法机关的重大处罚，无因涉嫌重大违法违规正受到有关机关调查的情形；

（四）具有完善的内部控制制度；

（五）具有良好的国际声誉和经营业绩，近3年业务规模、收入、利润居于国际前列，近3年长期信用均保持在高水平；

（六）中国证监会规定的其他审慎性条件。

《外商投资期货公司管理办法》第三条　中国证券监督管理委员会（以下简称中国证监会）及其派出机构依法对外商投资期货公司实施监督管理。

《外商投资期货公司管理办法》第四条　外商投资期货公司的名称、组织形式、注册资本、组织机构的设立及职责等，应当符合《中华人民共和国公司法》、《期货交易管理条例》、《期货公司监督管理办法》等法律、行政法规和中国证监会的有关规定。

《外商投资期货公司管理办法》第五条　直接持有期货公司5%以上股权的境外股东，除应当符合《期货公司监督管理办法》第七条和第九条规定的条件外，还应当具备下列条件：

（一）持续经营5年以上，近3年未受到所在国家或者地区监管机构或者行政、司法机关的重大处罚；

（二）管理层具有良好的专业素质和管理能力；

（三）具有健全的内部控制制度和风险管理体系；

（四）具有良好的国际声誉和经营业绩，近3年业务规模、收入、利润居于国际前列，近3年长期信用均保持在高水平；

（五）中国证监会规定的其他审慎性条件。

有关联关系的多个境外股东合计持有期货公司5%以上股权的，每个境外股东均应具备上款所列条件。

《外商投资期货公司管理办法》第六条　除通过中国境内证券公司间接持有期货公司股权及中国证监会规定的其他情形外，境外投资者通过投资关系、协议或其他安排，实际控制期货公司5%以上股权的，应当转为直接持股。

单独或与关联方、一致行动人共同实际控制期货公司5%以上股权的境外投资者，应当具备本办法第五条规定的条件。

《外商投资期货公司管理办法》第七条　境外股东应当以自由兑换货币出资。境外股东累计持有的（包括直接持有和间接控制）外商投资期货公司股权比例，应当符合国家关于期货业对外开放的安排。

条文释义

本条规定了涉金融行业的外商投资行为的法律规制，实质是《外商投资法》与相关特别法的关系，即特别法另有规定的，依照特别法规定。具体而言，《外商投资法》对外国投资者对有关金融行业投资行为，既包括对银行业、证券业、保险业等金融行业的直接投资，也包括在证券市场、外汇市场等金融市场进行的融资行为，如果另有规定予以规范，则须依照其他规定。主要的相关规范有《商业银行法》、《保险法》、《证券法》、《外资银行管理条例》（2019年9月30日三次修订）、《外资保险公司管理条例》（2019年9月30日第三次修订）、《外商投资证券公司管理办法》（2025年2月19日修正）和《外商投资期货公司管理办法》（2018

年8月24日公布)。

法律适用

此外需要说明的是,在金融领域,我国自加入世贸组织以来,不断完善金融体制改革,拓展金融市场开放的深度和广度。自2017年年底以来,我国陆续对外宣布了一系列新的金融开放举措,进一步降低市场准入门槛,扩大外资业务范围。这其中包括:放开银行卡清算机构和非银行支付机构的市场准入限制,放宽外资金融服务公司开展信用评级服务的限制,对外商投资征信机构实行国民待遇;取消银行和金融资产管理公司的外资持股比例限制,允许外国银行在中国境内同时设立分行和子行;取消外资保险公司设立前需开设2年代表处的要求,允许符合条件的境外投资者来华经营保险代理业务和保险公估业务,放开外资保险经纪公司的经营范围,将证券公司、基金管理公司、期货公司、人身险公司的外资持股比例上限放宽至51%,2020年后不再设限(2018年版负面清单);鼓励在信托、金融租赁、汽车金融、货币经纪、消费金融等银行业金融领域引入外资;对商业银行新发起设立的金融资产投资公司和理财公司的外资持股比例不设上限;等等。[①] 如今,远远超过中国加入世贸组织承诺的金融业对外开放已吸引了大量的外商投资金融业。例如,2023年中国证监会核准渣打银行(香港)有限公司出资10.5亿元独资设立渣打证券(中国)有限公司,渣打证券成为首家新核准设立的外商独资证券公司。自2020年我国取消外资股比限制以来,截至2023年年底,中

① 参见《中国与世界贸易组织白皮书》,载中国政府网,http://www.gov.cn/xinwen/2018-06/28/content_5301884.htm。

国证监会已批准 20 家外资控股或独资的证券期货基金公司。

条文内容

第四十二条　本法自 2020 年 1 月 1 日起施行。《中华人民共和国中外合资经营企业法》、《中华人民共和国外资企业法》、《中华人民共和国中外合作经营企业法》同时废止。

本法施行前依照《中华人民共和国中外合资经营企业法》、《中华人民共和国外资企业法》、《中华人民共和国中外合作经营企业法》设立的外商投资企业，在本法施行后五年内可以继续保留原企业组织形式等。具体实施办法由国务院规定。

关联法律

《公司法》第二条　本法所称公司，是指依照本法在中华人民共和国境内设立的有限责任公司和股份有限公司。

《合伙企业法》第二条　本法所称合伙企业，是指自然人、法人和其他组织依照本法在中国境内设立的普通合伙企业和有限合伙企业。

普通合伙企业由普通合伙人组成，合伙人对合伙企业债务承担无限连带责任。本法对普通合伙人承担责任的形式有特别规定的，从其规定。

有限合伙企业由普通合伙人和有限合伙人组成，普通合伙人对合伙企业债务承担无限连带责任，有限合伙人以其认缴的出资额为限对合伙企业债务承担责任。

《外商投资法实施条例》第四十四条 外商投资法施行前依照《中华人民共和国中外合资经营企业法》、《中华人民共和国外资企业法》、《中华人民共和国中外合作经营企业法》设立的外商投资企业（以下称现有外商投资企业），在外商投资法施行后5年内，可以依照《中华人民共和国公司法》、《中华人民共和国合伙企业法》等法律的规定调整其组织形式、组织机构等，并依法办理变更登记，也可以继续保留原企业组织形式、组织机构等。自2025年1月1日起，对未依法调整组织形式、组织机构等并办理变更登记的现有外商投资企业，市场监督管理部门不予办理其申请的其他登记事项，并将相关情形予以公示。

条文释义

本条属于立法技术上的过渡性条款，依据立法习惯，过渡性条款通常被放置在新法的最后一条，《外商投资法》亦不例外。这类条款的设置系为避免新法在实施上的不统一，而明确交代新法的实施时间、新旧法律关系、新法发生前已发生的法律行为效力以及对依据旧法获得的权利、资格、资质效力的承认或者处理等问题。

本条规定《外商投资法》的生效时间系2020年1月1日，同时明确了原外资三法在《外商投资法》实施的同时废止。初看之下,《外商投资法》出台后,以往的与外商投资有关的法规和部门规章存在“废、改、立”的任务。然而,不言而喻的是,基于原外资三法而制定的原有配套实施细则等也在该法生效之日起一并废止,“废、改、立”的任务没有想象的那么重,事实上只剩下是否制定《外商投资法》的实施条例,以及怎样制定该法第26条规定的外商投资企业投诉工作机制、第34条规定的外商投资信息报告制度和第35条规定的外商投资安全审查制度的问题。国务院随即制定了《外商投资法实施条例》,有关部门也及时制定了《外商投资信息报告办法》和《外商投资安全审查办法》、《外商投资企业投诉工作办法》,这些都与《外商投资法》配套施行。

此外,《外商投资法》本条最重要的内容是对现存三资企业的过渡性安排,过渡期内企业能够保留的除企业组织形式外,基于本法“等”字的措辞,应当解释为还包括企业治理,如经营模式、机构设置、财税制度、转让方式、利润分配模式等。关于期限,这一过渡性安排并未考虑原三资企业本身的经营期限,而是统一规定为5年。如果原批准的外商投资企业的经营期限在2025年1月1日之前到期,其原有企业组织形式按法理应该不能续期至2025年1月1日,但对于经营期限超过2025年1月1日的,其企业组织形式能否按照原批准的期限内保持不变,本法并未明确规定。如果按照本条规定,该外商投资企业必须在《外商投资法》生效后的5年内改制,这就存在影响该外商投资企业的在先权或既得权的问题。笔者认为,立法者或将希望重点寄托于实操层面了。一是原外资三法不复存在,而新法对保护投资等方面有更好的待遇,外商投资企业本身坚持不改制的可能性不大;二是《外商投资法》早已施行,企业应该对未来制度早已产生准确预判,故此来不及改制的可能性也不大;三是从减少历史遗留问题便于今后管理的角度,有关部门定会采用劝说的方式引导企业转制,劝说无果的可能性亦不大。但是不得不指出的是,如果实际操作层面仍有企业坚持续期,则难免发生无法适从的局面,可谓立法之憾。故而笔者认为,此处采用类似"以二者到期在先者为准"的措辞,会更加周全。

关于过渡期5年期满后,笔者认为,本条规定应当理解为原三资企业将不能继续存在。过渡期内企业或退市或转制,但原外资三法在章程效力、变更、清算方面的规定与《公司法》《合伙企业法》规定存在大量不一致,那么在转制之前系参照适用还是另行做衔接性的规定?笔者认为,2010年发布的最高人民法院《关于审理外商投资企业纠纷案件若干问题的规定(一)》在变更方面,尤其是转让问题方面与《公司法》实质性规定不存在冲突,故此除个别涉及原外资三法的语句不再适用以外,其他实质性规定仍有效。但该司法解释未作规定之处,当然有赖于后续另行规定。

5年期满后,企业仍未改制或自主退市的,如企业内部本身不愿意改制、企业对改制问题无法达成一致或其他原因而陷入僵局、企业已经名存实亡无人负责等情况,如何强制退市就成为需要重点解决的问题。

法律适用

在《外商投资法》生效之后,外商投资企业与公司的关系得以明晰。中外合资经营企业、中外合作经营企业和外资企业所依赖的原外资三法不复存在,按照《外商投资法》第42条的规定,现有的中外合资经营企业、中外合作经营企业和外资企业将在5年内重新改制并重新变更注册为《公司法》规定的有限责任公司、股份有限公司,或者《合伙企业法》规定的合伙企业。当然在5年过渡期内,现有的中外合资经营企业、中外合作经营企业和外资企业,只要尚在其各自的批准期限内,依然可以保留原来的形式,但在期限届满之后或5年过渡期后(以其中较短者为准),必须改制。其中具有法人地位的即属于公司中的有限责任公司和股份有限公司,统一适用《公司法》;非法人的外商投资企业也将根据其性质适用《合伙企业法》。

问题是,在5年过渡期届满后原三资企业仍在批准期限内,要它们改制有可能会遭遇困难。例如,原来在原外资三法下不需要建立股东会,只需要建立董事会,而在《公司法》下,需要设立股东会和董事会,这样可能对一些小的外商投资企业造成经营管理上的负担和成本,它们可能无意于改制。又如,在原《中外合资经营企业法》下,董事名额的分配由合营各方参照出资比例协商确定,既取决于股权比例又取决于协商,有的小股东在原先的架构下,可能在董事会中获得了超越其股权比例对应的权利。原《中外合资经营企业法实施条例》规定,合营企业章程的修改,合营企业的中止、解散,合营企业注册资本的增加、减少,合营企业的合并、分立等事项,须由出席董事会会议的董事一致通过方可作出决议,这实际上使少数股东对董事会决议享有实际上的否决权。如果按照《外商投资法》实行改制后,依照《公司法》的规定,少数股东原有的权利就没了,因此改制极有可能面临少数股东的抵制。笔者当时在参与课题的时候建议在《外商投资法实施条例》中对此作出规定,即5年过渡期届满后原三资企业仍在批准期限内,国家鼓励其改制,但也可在批准期余下的期限内保留原有企业组织形式。但显然没被全部接受。最后的《外商投资法实施条例》规定"自2025年1月1日起,对未依法调整组织形式、组织机构等并办理变更登记的现有外商投资企业,市场监督管理部门不予办理其申请的其他登记事项,并将相关情形予以公示"。可以想象,2025年1月1日后,极有可能在部分现有三资企业的少数股东和多数股东之间产生矛盾和纠纷。

这里的问题是既得权要不要保护的问题。如果少数股东得到的权利只是由于原先法律规定而取得的,而不是付出了对价取得的,就不能予以继续;如果少数股东得到的权利,是与其付出对价相关的,法院应酌情裁定予以补偿。

在过渡期内,在没有改制前,应该如何处理当事人之间的权利义务关系?笔者的理解是,尊重当事人的意愿,即按照原章程的安排。但是,如果当事人已经就改变公司治理架构和相互之间的权利义务达成一致,或者双方没有异议,即使没有办理改制登记,也应予以尊重。

在过渡期外,一般按照公司法处理,但如果涉及既得权,还要看其是不是在有效期内。如果尚在有效期内,如果少数股东得到的权利只是由于原先法律规定而取得的,而不是付出了对价取得的,就不能予以支持;如果少数股东得到的权利,是与其付出对价相关的,法院应酌情裁定予以补偿。

附录1

《外商投资法》与其他法律法规的衔接与协调

《外商投资法》自2020年1月1日起施行，作为专门的外资法典，该法将重构我国的外资基础性法律。《外商投资法》专注政府对外商投资的促进和保护，以及对外商投资、外国投资者和外商投资企业的管理，而其他领域的外商投资管理问题将由其他法律法规承担。为保障外国投资者和外商投资企业的合法权益，确保外商投资的有序发展和有效管理，《外商投资法》能否与其他法律法规之间良好地衔接就显得格外重要。

一、《外商投资法》与外商投资准入特别管理措施目录的衔接

外商投资准入特别管理措施包括不符合国民待遇原则的外商投资准入特别管理措施和其他针对外商投资的特别管理措施，后者包括不符合国民待遇原则的与国家安全、公共秩序、文化、金融审慎、政府采购、补贴、特殊手续、非营利组织和税收相关的特别管理措施。外商投资准入特别管理措施目录一般称“负面清单”，负面清单之内的禁止投资领域，境外投资者不得实施投资；负面清单之内的限制投资领域，境外投资者须进行外资准入许可申请。

外商投资准入特别管理措施目录在一定程度上反映了外商投资产业政策的内容，实际上起到了执行外商投资产业政策的作用。外商投资准入特别管理措施与《外商投资法》共同构成了与外商投资准入管理有关的核心制度。《外商投资法》是相对稳定的，而外商投资准入特别管

理措施目录需随形势和政策调整。因此,外商投资准入特别管理措施不宜直接规定在《外商投资法》中,《外商投资法》第4条授权负面清单由国务院发布或者批准发布。需要注意的是,《外商投资法》此处规定与目前实践存在差别,其更加严格地限定了负面清单的制定。自2013年以来我国的负面清单一直由国家发改委和商务部起草并联合发布(上海自贸区的负面清单最初是授权上海市人民政府颁布的)。[①] 在《外商投资法》通过并生效后,应当注意特别管理措施目录的更新和修订程序。具体而言,即负面清单由国家发改委和商务部起草后,一定要经过国务院批准,并由国务院发布;严格意义上,负责起草的国家发改委和商务部甚至不能将负面清单交由国务院批准后由其自己联合发布。

二、《外商投资法》与国家安全审查相关法律法规和规章的衔接

国家安全审查是东道国在国家经济主权上的体现,其主要对外商投资行为进行审查以评估对本国安全的影响。在更加开放的负面清单模式下,安全审查制度成为更加重要的制度。《外商投资法》无法对安全审查的程序规则做详细的规定,故此,《外商投资法》第35条规定,"国家建立外商投资安全审查制度,对影响或者可能影响国家安全的外商投

① 我国目前现行的是2024年9月6日实施的由发改委、商务部发布的《外商投资准入特别管理措施(负面清单)(2024年版)》。

资进行安全审查”。而更具体的内容仍需要做专项的立法安排予以重构,现行的外资并购国家安全审查制度有待以单行的《外商投资安全审查办法》的方式逐步进行扩充。《外商投资法》通过并生效后,现有的国家安全审查相关的法律法规和规章,在纳入尚未处于正式立法进程中的外商投资安全审查条例时,涉及以下几个方面内容的规定应予以调整。

(一)安全概念的调整

从法理上讲,《外商投资法》直接援引了“国家安全”这一概念,《国家安全法》应是外商投资安全审查条例的上位法之一。而基于总体国家安全观的《国家安全法》下的国家安全除传统国土安全、军事安全,还包括政治安全、经济安全、文化安全、社会安全、环境安全、生态安全等。如果以此国家安全概念适用于外商投资国家安全审查,将大大超出了原有并购安全审查下的考量因素。以往在外资产业准入安全审查的配合下,安全审查制度尚能满足对国家安全的保护需求,但随着负面清单管理模式的实施,原先的外资产业准入安全审查发生根本改变,部分在产业准入中的安全审查职能将归入到统一的安全审查制度。因此,《外商投资安全办法》实行过程中在评估外资对国家安全的影响时,有必要按照《国家安全法》第2条明确的“国家安全”的定义予以考虑。

(二)国家安全审查与司法审查

外资国家安全审查决定一般都不受司法审查,即投资者如果不服东道国政府的国家安全审查决定,不得提起诉讼。考虑外商投资安全审查条例将由国务院颁布,而国家安全审查决定也将是国务院最终作出的情形,因此不宜在《外商投资安全审查办法》中规定外资国家安全审查决定不受司法审查。相关规定应该在作为外资基本法的《外商投资法》或作为调整国家安全事务的高位阶的《国家安全法》中作出。因此,《外商投资法》第35条第2款规定“依法作出的安全审查决定为最终决定”。

三、《外商投资法》与原核准和备案制度相关法律法规和规章的衔接

外商投资在过去的审批事项包括设立、变更、终止、分立、合并、延长经营期限和委托他人经营等。在《外商投资法》颁布后,除负面清单以外,全部改为备案制,由“全面审批制”变为“普遍备案制”与“负面清单下的审批制”,原有的关于审批和备案制度的法律法规和规章也应作相应调整。

关于外资企业的设立及变更管理,商务部经自贸区试验后,于2018年以《外商投资企业设立及变更备案管理暂行办法》进行了《外商投资法》生效前的准备与过渡,但对于过去涉及外商投资企业设立等重大事项审批分别制定的专门规定(例如,下文提到的商务部《关于外国投资者并购境内企业的规定》),仍存在大量的法规清理工作,在新法生效后原有的规章需要予以集中梳理、修订、废除。

关于外资项目核准及备案管理,国家发改委根据《指导外商投资方向规定》、国务院《关于投资体制改革的决定》、国务院《政府核准的投资项目目录》,对外商投资“项目”实行核准和备案管理,并相应地颁布了

《外商投资项目核准和备案管理办法》。该管理办法对于《外商投资产业指导目录》中有中方控股要求的鼓励类项目、限制外商投资类项目和外商投资《政府核准的投资项目目录》中规定需要政府投资的项目规定了核准程序;对于其他外商投资项目则规定了备案程序。前述国家发改委的项目核准和备案管理程序属于事前备案,且国家发改委有权不予备案,其本质上属于外资准入的实质性门槛,这与《外商投资法》以及《外商投资企业设立及变更备案管理暂行办法》所确立的"普遍备案制"与"负面清单下的审批制"存在一定重合,但更多的是矛盾。《外商投资法》通过并生效后,国家发改委的项目核准和备案制度是否继续实施,或者予以整合,有待进一步修订。

关于外国投资者并购境内企业的一系列法规和部门规章,特别是商务部《关于外国投资者并购境内企业的规定》,其法律基础就在于外商投资企业设立的审批制度。该规章第11条明确规定"境内公司、企业或自然人以其在境外合法设立或控制的公司名义并购与其有关联关系的境内的公司,应报商务部审批。当事人不得以外商投资企业境内投资或其他方式规避前述要求"。《外商投资法》取消了负面清单以外的审批制度,而外资并购境内企业不宜纳入负面清单范畴,故此针对外国投资者并购境内企业的一系列部门规章,不应继续有效,而需要作出相应的调整。

关于外商投资企业境内再投资的核准备案问题,《关于外商投资企业境内投资的暂行规定》明确要求,外商投资企业购买被投资公司投资者的股权,被投资公司经营范围属于鼓励类或允许类领域的,被投资公司应向原公司登记机关备案;被投资公司经营范围涉及限制类领域的,应向省级审批机关申请同意批复才得以申请变更登记。这与《外商投资法》和《特殊管理措施目录》可能存在不符,应进行修订予以统一。

四、《外商投资法》与《公司法》、《合伙企业法》等法的衔接

(一)原外资三法与企业法之间的冲突

各国的企业法通常存在商业组织法(law on business organization)性质的企业法和产业政策与经济管理法性质的企业法之分。我国现行的外商投资企业法是融商业组织法与产业政策、经济管理法于一体的混合性立法。立法性质的错位,必然导致我国现行的外商投资企业法与包括《公司法》在内的企业法之间存在明显的冲突。

1979 年 7 月,当全国人大为吸引外资通过原《中外合资经营企业法》的时候,中国还没有其他形式的企业立法,甚至连最基本的企业法——《公司法》也没有。这使《中外合资经营企业法》不但承担了外资管理的功能,而且承担了中国第一个正式的企业法的组织功能。在《中外合资经营企业法》以后陆续颁布的《中外合作经营企业法》和《外资企业法》也部分承担了企业组织法的功能。原外资三法及其各自的实施条例与细则,以及大量涉及外商投资企业设立、变更、股权转让和其他相关事项的配套法规规章,在相当长时期内,自成体系。制定《公司法》时,出现了将原三资企业纳入企业法的统一体系并予以适当协调的努力,这体现在《公司法》(2018 年修正)第 217 条为:“外商投资的有限责任公司

和股份有限公司适用本法;有关外商投资的法律另有规定的,适用其规定。”[①]但这一规定并没有实质性地解决外商投资企业法与《公司法》的冲突。如果对于《公司法》有规定而原外资三法未予涉及的内容也同样理解为“另有特别规定”,所谓的“外商投资的公司适用公司法”的原则性规定就成了空话,《公司法》中就没有可以适用于外商投资企业的内容。反之,如果不把对同样法律事项作出不同法律规定的情况看作外商投资企业法的“特别规定”而适用《公司法》,那么这是否意味着外商投资企业也要设股东会、监事会,也要实行最低资本额制度,也要给合营者签发“出资证明书”,这显然又走到了另一个荒唐的地步。

此外,全国人民代表大会常务委员会于1997年2月23日通过、2006年8月27日修订的《合伙企业法》也尝试协调外商投资企业相关法律文件与《合伙企业法》的关系,《合伙企业法》第108条规定,“外国企业或者个人在中国境内设立合伙企业的管理办法由国务院规定”。但迄今为止,国务院并无规定外国企业或者个人在中国境内设立合伙企业的管理办法。

新设立的《外商投资法》明确外商投资法改革的宏观目标和法律途径,给它以重新定位,其基本思路是:在舍除其商业组织法内容的基础上,恢复其产业政策与经济管理法的单一性质;删除原有外商投资企业法内容,将企业组织设立、活动、组织机构当变更以及解散等内容交由《公司法》和《合伙企业法》等调整。这样,《外商投资法》与《公司法》的职能分工也十分明了,前者只规定管理外商投资的法律制度和规则,后者适用于包括外商投资企业在内的所有公司,两个法之间的关系被彻底

① 1993年首次制定的《公司法》的相关条文为第18条,该条规定:“外商投资的有限责任公司适用本法,有关中外合资经营企业、中外合作经营企业、外资企业的法律另有规定的,适用其规定。”

理顺,相互之间将不存在对同一事项作不同规定的法律冲突。

(二)未来的《外商投资法》与企业法的衔接

在《外商投资法》生效之后,外商投资企业与公司的关系将得以明晰。中外合资经营企业、中外合作经营企业和外资企业所依赖的原外资三法将不复存在,按照《外商投资法》第42条的规定,现有的中外合资经营企业、中外合作经营企业和外资企业将在5年内重新改制并变更注册为《公司法》规定的有限责任公司、股份有限公司或一人有限公司,或者《合伙企业法》规定的合伙企业。当然,在5年过渡期内,现有的中外合资经营企业、中外合作经营企业和外资企业,只要尚在其各自的批准期限内,[①]依然可以保留原来的形式,但在期限届满之后或5年过渡期后(以其中较短者为准),必须改制。其中具有法人地位的即属于公司中的有限责任公司和股份有限公司,统一适用《公司法》;非法人的外商投资企业也将根据其性质适用《合伙企业法》。问题是,在5年过渡期届满后原三资企业仍在批准期限内,要它们改制有可能经历管理架构的变化。比如,原来在三资企业不需要建立股东会,只需要建立董事会,而在《公司法》下,需要设立股东会和董事会,只是对小规模的或股东数少的有限责任公司外商投资企业,可以不设董事会,只设董事,行使董事会职权。

---

① 原《中外合资经营企业法》第13条规定可以约定合营期限,原《中外合作经营企业法》第24条规定合作合同应规定合作期限,原《外资企业法》第9条规定审批机关应核准外资企业的期限。

五、《外商投资法》与原《合同法》（现《民法典》合同编）的关系

中外合资经营企业[①]和中外合作经营企业[②]设立时，中外投资者会订立合营企业合同和合作企业合同；在合营企业或合作企业转让时，也会订立转让合同。原《中外合资经营企业法》和原《中外合作经营企业法》规定，这些合同需要审批。由于立法不完善，它们并未对未经审批的合同效力进行说明，亦未对外商投资企业股权转让合同未经审批的效力进行说明。故此在这一领域存在大量的行政法规和部门规章，其中1997年国家工商总局出台的原《外商投资企业投资者股权变更的若干规定》在司法实践中起到了很重要的影响作用。该文件规定外商投资企业股权变更审批的效力以及协议、章程生效的时间，同时要求股权转让应符合国家产业政策、外资投资比限制，规定注册资本以及企业性质转变需要审批。

1999年原《合同法》出台，作为一般法，规范平等主体之间设立、变更、终止民事权利义务关系的协议，前述几类特殊的企业设立合同或股权转让协议，尤其是涉及中外投资者转让合同权利或义务的协议，应当

---

① 中外合资经营企业，是指中国合营者与外国合营者依照原《中外合资经营企业法》等有关法律的规定，在中国境内设立的共同投资、共同经营、按出资比例分享利润、承担风险与亏损的企业。

② 中外合作经营企业，是指中国合营者和外国合营者依照原《中外合作经营企业法》等有关规定，在中国境内设立的、由合同确立双方权利和义务、并根据合同从事生产经营的企业。

属于原《合同法》第 44 条第 2 款,需要依其他法律法规特别规定,办理批准、登记等手续才生效的要式合同。最高人民法院《关于适用〈中华人民共和国合同法〉若干问题的解释(一)》《关于适用〈中华人民共和国合同法〉若干问题的解释(二)》(已失效)又作了进一步的说明,即未经审批合同效力为不生效。但随着原《合同法》和《公司法》等法律的出台,部分主管部门及地方制定的法规及规章与现行高位阶法存在不一致的现象,给司法实践造成了法律适用的难题。故此,2010 年最高人民法院《关于审理外商投资企业纠纷案件若干问题的规定(一)》更进一步对外商投资企业在设立、变更等过程中的部分审理难题进行明晰,明确了一套关于外商投资企业设立和股权转让合同的规则,包括:(1)设立外商投资企业的合同和外商投资企业股权转让协议必须经过审批程序才能生效;(2)股权转让没有经过其他股东同意、优先购买的无效;(3)股权转让导致企业性质变更的需要额外审批;(4)股权转让违反法律相关规定和产业政策的无效。

《外商投资法》通过并生效后,其作为产业政策与经济管理法,不宜对原《合同法》调整的具体问题进行规范,事实上《外商投资法》也确实没有类似的规定。依照原《合同法》第 126 条的规定,“涉外合同的当事人可以选择处理合同争议所适用的法律,但法律另有规定的除外。涉外合同的当事人没有选择的,适用与合同有最密切联系的国家的法律。在中华人民共和国境内履行的中外合资经营企业合同、中外合作经营企业合同、中外合作勘探开发自然资源合同,适用中华人民共和国法律”。由于原《合同法》已被《民法典》吸纳,但《民法典》中没有出现此规定。为了保证法律的稳定性,《外商投资法》生效、原外资三法及衍生的实施细则和部门规章均依法废止后,可遵循与外商投资相关的合同适用的中国法就只能是《民法典》中的合同编本身。

同样,由于《合同法》的立法模式将需要审批的具体项目交由特别法规定,在《外商投资法》生效后,股权转让没有经过其他股东同意、优先购买的效力问题,不再属于《外商投资法》的范畴,而须适用《公司法》或《合伙企业法》的规定。对于在负面清单(外商投资诸如特殊管理措施目录)内的外商投资项目涉及的前述合同依然适用审批,在负面清单之外的外商投资项目涉及的其他投资合同、股权转让合同、股权置换合同和股权变更合同,以及其他合同,均适用原《合同法》的规定。这里需要提及的是,《外商投资法》颁布后,国务院就废止了2001年制定、2019年修订的《技术进出口管理条例》第二章"技术进口管理"以及与《外商投资法》中禁止行政机关或其工作人员强制外国投资者转让技术的规定相抵触的条款。该条例中涉及技术进口合同部分可以视为原《合同法》的特别法,应适用于外商投资企业中外投资方之间的技术转让合同。

六、《外商投资法》与《反垄断法》的关系

《反垄断法》是政府管理市场、维持良好市场秩序的最重要的监管工具之一,我国的反垄断审查制度正在逐步走向内外资统一。

从《反垄断法》的适用范围角度,我国反垄断审查制度的发展一直伴随着是否只针对于外资限制的质疑,在2007年的《反垄断法》出台后,终于在适用范围上对境内企业和境外企业达成了统一。以现有的框架来看,《反垄断法》足以涵盖各种形式的外商投资项目,并突破原先停留在并购阶段的审查模式,对于外商投资在各个阶段可能产生的垄断行

为，都能依据《反垄断法》加以规制。

从反垄断执法机构角度，随着《深化党和国家机构改革方案》的公布，国务院原先关于反垄断执法工作的部门职责分工发生了很大的改变。原在国务院反垄断委员会的组织、协调、指导下，由商务部反垄断局、国家发改委价格监督检查与反垄断局与国家工商总局反垄断与反不正当竞争执法局组成的反垄断执法机构，相应的职责被进行整合，组建国家市场监督管理总局，作为国务院直属机构，承担反垄断统一执法。这种整合在一定程度上反映了反垄断审查程序一体化的趋势。

从申报标准角度，2009 年商务部对《关于外国投资者并购境内企业的规定》进行了修改，删除原第五章“反垄断审查”，在“附则”中新增一条，其表述为，“依据《反垄断法》的规定，外国投资者并购境内企业达到《国务院关于经营者集中申报标准的规定》规定的申报标准的，应当事先向商务部申报，未申报不得实施交易”。此次修订意在删掉关于外资并购需要申报的特殊标准，虽然外资企业与内资企业在程序上还有些差异，但是在标准上达成了统一。

在现有框架下，无论是从范围还是标准上来看，反垄断审查都没有刻意对外资企业和内资企业做明显区分。即便在外资并购审查中提及的反垄断审查，也只是以原则性的规定来与《反垄断法》下的审查机制进行对接，在审查程序和审查标准上并没有体现出特异性。这也是我国内外资企业所适用法律体系逐步统一的一种体现，特别是在“准入前国民待遇”实施后，市场主体地位差异愈加减小，差别化外资政策已经没有操作空间。《外商投资法》第 33 条规定，“外国投资者并购中国境内企业或者以其他方式参与经营者集中的，应当依照《中华人民共和国反垄断法》的规定接受经营者集中审查”。这表明，该法生效后，外资通过并购方式或经营者集中的方式设立外商投资企业相关的活动，依然受《反垄断法》的调整。目前针对外资并购的反垄断审查，可以维持其效力。

值得注意的是,目前《外商投资法》对反垄断调查与准入许可的衔接没有作出规定,在后续相关法规中应当进一步明确。

七、《外商投资法》与《政府采购法》的关系

根据国民待遇条款,《外商投资法》第16条规定,国家保障外商投资企业依法通过公平竞争参与政府采购活动。政府采购依法对外商投资企业在中国境内生产的产品平等对待。这里的产品宜作广义解释,包括服务和工程等政府采购对象在内。

在现有的政府采购制度下,政府采购主要由两部分组成:一是对本国货物、工程和服务采购的一系列规定;二是对进口产品政府采购的规定。

虽然目前我国法律对"本国货物"并没有一个清楚的定义,但财政部2007年12月27日制定并发布的《政府采购进口产品管理办法》第3条明确规定,进口产品是指通过中国海关报关验放进入中国境内且产自关境外的产品。反过来说,对于判断货物是本国货物还是进口产品,仅有"进关"一个标准,不符合进关标准的均为本国货物。外资企业作为根据中华人民共和国法律在中国设立的中国法人,企业在中国境内生产的产品,应当认定为本国货物。故此,外商投资企业的产品在现有的政府采购法中就能得到平等对待,在《外商投资法》立法后,我国与外商投资企业相关的政府采购管理,依然可以适用《政府采购法》和其他政府

采购法规。但同时必须注意到，外国投资者在中国境外生产的商品和提供的服务属于进口的产品，《外商投资法》关于政府采购的规定，并不适用于此。

八、《外商投资法》与原外商投资有关的部门规章的关系

《外商投资法》的生效，将导致原有的法律废止，系新法替代旧法，这也是《外商投资法》第42条明确规定的。从法理上讲，国务院依据原外资三法制定的各自的实施条例或细则及原国家工商行政管理总局、商务部、国家发改委等部门以及各地方人大和政府针对外商投资中的具体问题出台的许多具体的规定（部门规章、地方人大条例和地方政府规章）也将因失去依据而失效。

附录2

《中华人民共和国外商投资法》英译本

Foreign Investment Law of the People's Republic of China

(Adopted at the 2nd Session of the 13th National People's Congress on March 15, 2019)

Table of Contents

Chapter Ⅰ General Provisions

Article 1 In order to further expand opening up, actively promote foreign investment, protect the legitimate rights and interests of foreign investment, standardize foreign investment management, facilitate the formation of a comprehensive and new opening-up pattern, and promote the healthy development of the socialist market economy, this Law is enacted in accordance with the Constitution.

Article 2 This Law applies to foreign investment in the territory of the People's Republic of China (hereinafter referred to as "within the territory of China").

Foreign investment mentioned in this Law refers to the investment activities of foreign natural persons, enterprises or other organizations (hereinafter referred to as foreign investors) conducted directly or indirectly within the territory of China, including the following:

(1) Foreign investors set up foreign-invested enterprises in China alone or jointly with other investors;

(2) Foreign investors obtain shares, equities, property shares or other similar rights and interests of enterprises within the territory of China;

(3) Foreign investors invest in new projects in China alone or jointly with other investors;

(4) Other investment prescribed by laws, administrative regulations or specified by the State Council.

Foreign-invested enterprises mentioned in this Law refer to enterprises that are wholly or partly invested by foreign investors and registered within the territory of China under the Chinese laws.

Article 3 The State adheres to the basic State policy of opening to the outside world and encourages foreign investors to invest within the territory of China.

The State maintains a policy of high-level investment liberalization and facilitation, establishes and improves a mechanism for foreign investment promotion, and creates a stable, transparent, predictable and fair market environment.

Article 4 The State maintains a system of pre-entry national treatment plus a negative list management for foreign investment.

The pre-entry national treatment mentioned in the preceding paragraph refers to the treatment given to foreign investors and their investment at the stage of investment admission no less than that to domestic investors and their investments; the so-called negative list refers to the special management measures that are adopted for the admission of foreign investment in specific areas. The State gives national treatment to foreign investment outside the negative list.

The negative list is issued or approved by the State Council.

Where international treaties or agreements concluded or acceded to by the People's Republic of China provide for more preferential treatments for the admission of foreign investment, the relevant provisions may be applied.

Article 5 The State protects the investment, income and other legitimate rights and interests of foreign investors in China in accordance with the law.

Article 6 Foreign investors and foreign-invested enterprises that conduct investment activities within the territory of China shall abide by Chinese laws and regulations and shall not endanger China's national security and harm the public interest.

Article 7 The competent departments of the State Council responsible for commerce and investment shall, in accordance with the division of responsibilities, carry out the promotion, protection and management of foreign investment; other relevant departments of the State Council shall, within their respective responsibilities, be responsible for the affairs related to the promotion, protection and management of foreign investment.

The relevant departments of the local people's governments at or above the county level shall, in accordance with laws and regulations and the division of responsibilities determined by the people's government at the same level, carry out the work relating to the promotion, protection and management of foreign investment.

Article 8 Employees of foreign-invested enterprises may, in accordance with law, establish trade union organizations, carry out trade union activities, and safeguard their legitimate rights and interests. Foreign-invested enterprises shall provide necessary conditions for the trade unions thereof.

Chapter Ⅱ Investment Promotion

Article 9 Foreign-invested enterprises may, in accordance with the law, equally enjoy the State policies concerning the support of enterprise development.

Article 10 Before the formulation of laws, regulations and rules related to foreign investment, appropriate measures shall be taken to solicit opinions and suggestions from foreign-invested enterprises.

Normative and adjudicative documents related to foreign investment shall, according to law, be made public in a timely manner.

Article 11 The State establishes and improves a system serving foreign investment to provide consultation and services to foreign investors and foreign-invested enterprises on laws and regulations, policy measures, and investment project information.

Article 12 The State establishes multilateral and bilateral investment promotion cooperation mechanisms with other countries and regions and international organizations, and strengthens international exchanges and cooperation in the field of investment.

Article 13 The Statemay establish special economic zones where needed, or adopt experimental policies and measures for foreign investment in selected regions with a view to promoting foreign investment and expanding opening-up.

Article 14 The State may, in accordance with the needs of national economic and social development, encourage and guide foreign investors to invest in specific industries, sectors and regions. Foreign investors and foreign-invested enterprises may enjoy preferential treatment in accordance with laws, administrative regulations or the provisions of the State Council.

Article 15 The State ensures that foreign-invested enterprises have equal access to the standard-setting work according to law, and strengthens information disclosure and social supervision regarding standard-setting.

The mandatory standards set forth by the State are equally applicable to foreign-invested enterprises.

Article 16 The State ensures that foreign-invested enterprises have equal access to government procurement through fair competition in accordance with the law. Products and services provided by foreign-invested enterprises within the territory of China are equally treated in government procurement in accordance with law.

Article 17 Foreign-invested enterprises may, in accordance with the law, finance through public offering of stocks, corporate bonds and other securities.

Article 18 Local people's governments at or above the county level may, in accordance with the provisions of laws, administrative regulations and local regulations, formulate policies and measures for foreign investment promotion and facilitation within their statutory competence.

Article 19 The people's governments at all levels and their relevant departments shall, in accordance with the principles of facilitation, efficiency and transparency, simplify procedures, improve efficiency, optimize government services, and further improve the level of foreign investment services.

The relevant competent authorities shall prepare and publish foreign investment guidelines to provide services and facilities to foreign investors and foreign-invested enterprises.

Chapter Ⅲ Investment Protection

Article 20 The State does not expropriate foreign investment.

Under exceptional circumstances, the State may expropriate and requisition the investment of foreign investors in accordance with the law and for the needs of the public interest. The expropriation and requisition shall be conducted in accordance with legal procedures and timely, equitable and reasonable compensation shall be given.

Article 21 Foreign investors' capital contribution, profits, capital gains, asset disposal income, intellectual property license fees, legally obtained damages or compensation, liquidation proceeds, etc., may be freely remitted to overseas in RMB or foreign exchange according to law.

Article 22 The State protects the intellectual property rights of foreign investors and foreign-invested enterprises, protects the legitimate rights and interests of intellectual property rights and related rights holders, and holds intellectual property rights infringers legally accountable in strict accordance with the law.

The State encourages technical cooperation based on the voluntariness principle and commercial rules in the process of foreign investment. The conditions for technical cooperation are determined through equal negotiation between the parties to the investment in accordance with the principle of fairness. Administrative agencies and their staff are prohibited to use administrative means to force any technology transfer.

Article 23 The administrative agencies and their staff shall keep confidential the business secrets known to them, of foreign investors and foreign-invested enterprises during the performance of their duties, and shall not disclose or illegally provide them to others.

Article 24 The people's governments at all levels and their relevant departments shall be in compliance with the provisions of laws and regulations in formulating normative documents concerning foreign investment; unless authorized by laws and administrative regulations, they shall not derogate from the legitimate rights and interests of foreign-invested enterprises or increase their obligations, set forth conditions for market access and exit, and interfere with normal production and operation of foreign-invested enterprises.

Article 25 Local people's governments at all levels and their relevant departments shall honor their commitments on policies made available to foreign investors and foreign-invested enterprises under the law and various types of contracts concluded in accordance with the law.

If policy commitments or contractual agreements need to be changed for the State interests and public interests, they shall be conducted in accordance with the statutory authority and procedures, and foreign investors and foreign-invested enterprises shall be compensated for the losses they suffered accordingly.

Article 26 The State establishes a complaint and settlement mechanism for foreign-invested enterprises, with a view to promptly handling problems raised by foreign-invested enterprises or their investors, and coordinating and improving relevant policies and measures.

If a foreign-invested enterprise or its investors believe that the administrative actions of the administrative agency and its staff infringe upon their legitimate rights and interests, they may apply for a coordinated solution through the complaint and settlement mechanism for the foreign-invested enterprise.

If a foreign-invested enterprise or its investors believe that the administrative actions of the administrative agency and its staff infringe upon their legitimate rights and interests, in addition to applying for a coordinated solution through the complaint and settlement mechanism for the foreign-invested enterprise in accordance with the provisions of the preceding paragraph, they may also apply for administrative reconsideration and file an administrative lawsuit according to law..

Article 27 Foreign-invested enterprises may establish and voluntarily participate in chambers of commerce and associations according to law. The chamber of commerce and association shall carry out relevant activities in accordance with the laws, regulations and its articles of association to safeguard the legitimate rights and interests of its members.

Chapter Ⅳ Investment Management

Article 28 Foreign investors shall not invest in the areas where investment is prohibited under the negative list for the admission of foreign investment.

Foreign investors shall meet the conditions set forth in the negative list for the admission of foreign investment to invest in the areas where investment is restricted under the negative list.

Management of foreign investment in the areas beyond the negative list shall be implemented in accordance with the principle of equality between domestic and foreign investment.

Article 29 If foreign investment is required to go through the investment project verification and record procedure, it shall be implemented in accordance with relevant provisions.

Article 30 If a foreign investor invests in an industry or sector where license is required for investment, it shall go through relevant licensing procedures in accordance with the law.

The relevant competent department shall, in accordance with the conditions and procedures equally applied to domestic investment, review the foreign investors' application for license, except as otherwise provided by laws and administrative regulations.

Article 31 Forms of organization, organization structures and activities of foreign-invested enterprises shall be governed by the provisions of the Company Law and the Law of the Partnership Enterprise of the People's Republic of China.

Article 32 Foreign-invested enterprises that engage in production and business activities shall abide by the provisions of laws and administrative regulations concerning labor protection and social insurance, and handle matters such as taxation, accounting, foreign exchange, etc. in accordance with laws, administrative regulations and relevant provisions, and accept relevant supervision and inspection carried out by the relevant departments in accordance with the law.

Article 33 If a foreign investor acquires a Chinese domestic enterprise or participates in the concentration of business operators in other ways, it shall go through the examination on the concentration of business operators in accordance with of the Anti-Monopoly Law of the People's Republic of China.

Article 34 The State establishes a system for foreign investment information reporting. Foreign investors or foreign-invested enterprises shall submit investment information to the competent commerce departments through the enterprise registration system and the enterprise credit information publicity system.

The content and scope of the foreign investment information report shall be determined in accordance with the principle of necessity; the investment information that can be obtained through the inter-departmental information sharing system shall not be required to be submitted again.

Article 35 The State establishes asystem for foreign investment security review to review the foreign investment that affects or may affect national security.

The security review decision made in accordance with the law is final.

Chapter V Legal Liability

Article 36 Where a foreign investor invests in the areas, which are specified by the negative list for the admission of foreign-investment as prohibited ones, the relevant competent department shall order it to stop the investment activities, and dispose of the shares, assets or take other necessary measures within a specified time limit, and restitute to the status before the investment was made; If there is illegal income, it shall be confiscated.

Where the investment activities of a foreign investor contravenes the special management measures for the admission of foreign-investment in restricted areas in the negative list, the relevant competent department shall order the foreign investor to make correction within a specified time limit and take necessary measures to meet the conditions set forth by the special management measures for the admission of foreign-investment; if no corrections have been made within the time limit, the provisions of the preceding paragraph shall be applied.

Where the investment activities of a foreign investor contravene the special management measures for the admission of foreign-investment in the negative list, in addition to the provisions of the preceding two paragraphs, it shall also bear corresponding legal liabilities under the law.

Article 37 If a foreign investor or a foreign-invested enterprise violates the provisions of this Law and fails to submit investment information in accordance with the requirements of the foreign investment information reporting system, the competent commerce department shall order it to make corrections within a specified time limit; if no corrections have been made within the time limit, a fine of more than 100, 000 yuan and less than 500, 000 yuan shall be imposed.

Article 38 Any violation of laws or regulations by foreign investors or foreign-invested enterprises shall be investigated and dealt with by relevant departments in accordance with the law and recorded into the credit information publicity system in accordance with relevant provisions.

Article 39: If a staff of an administrative organ abuses his power, neglects his duties or engages in malpractices in the promotion, protection and management of foreign investment, or leaks or illegally provides others with trade secrets known to him during the performing his duties, he shall be punished according to law; if he commits a crime, he shall be held criminally accountable.

Chapter Ⅵ Supplementary Provisions

Article 40 If any country or region adopts discriminatory prohibitions, restrictions or other similar measures against the People's Republic of China, the People's Republic of China may take corresponding measures against the country or the region according to actual conditions.

Article 41 If the State provides other provisions for foreign investment in the banking, securities, insurance and other financial industries, or in the securities market, foreign exchange market and other financial markets within the territory of China, such provisions shall be applicable.

Article 42 This Law shall come into force on January 1, 2020. The Law of the People's Republic of China on Chinese-Foreign Equity Joint Ventures, the Law of the People's Republic of China on Wholly Foreign-owned Enterprises, and the Law of the People's Republic on Chinese-Foreign Contractual Joint Ventures shall be repealed simultaneously.

Foreign-invested enterprises that have been established before the implementation of this Law in accordance with the Law of the People's Republic of China on Chinese-Foreign Equity Joint Ventures, the Law of the People's Republic of China on Wholly Foreign-owned Enterprises, and the Law of the People's Republic of China on Chinese-Foreign Contractual Joint Ventures may continue retaining their original forms of business organizations within five years after the implementation of this Law. The detailed implementation measures of this Law shall be prescribed by the State Council.

(Unofficial translation by Professor Kong Qingjiang)

附录3

《外商投资准入特别管理措施（负面清单）（2024年版）》

中华人民共和国国家发展和改革委员会
中华人民共和国商务部令

第23号

《外商投资准入特别管理措施(负面清单)(2024年版)》已经2024年4月8日国家发展和改革委员会第10次委务会议审议通过和商务部审签,并经党中央、国务院同意,现予发布,自2024年11月1日起施行。

国家发展和改革委员会主任:郑栅洁

商务部部长:王文涛

2024年9月6日

外商投资准入特别管理措施(负面清单)(2024年版)

说　　明

一、《外商投资准入特别管理措施(负面清单)》(以下简称《外商投资准入负面清单》)统一列出股权要求、高管要求等外商投资准入方面的特别管理措施。《外商投资准入负面清单》之外的领域,按照内外资一致原则实施管理。境内外投资者统一适用《市场准入负面清单》的有关规定。

二、境外投资者不得作为个体工商户、个人独资企业投资人、农民专业合作社成员,从事投资经营活动。

三、外商投资企业在中国境内投资，应符合《外商投资准入负面清单》的有关规定。

四、有关主管部门在依法履行职责过程中，对境外投资者拟投资《外商投资准入负面清单》内领域，但不符合《外商投资准入负面清单》规定的，不予办理许可、企业登记注册等相关事项；涉及固定资产投资项目核准的，不予办理相关核准事项。投资有股权要求的领域，不得设立外商投资合伙企业。

五、经国务院有关主管部门审核并报国务院批准，特定外商投资可以不适用《外商投资准入负面清单》中相关领域的规定。

六、从事《外商投资准入负面清单》禁止投资领域业务的境内企业到境外发行股份并上市交易的，应当经国家有关主管部门审核同意，境外投资者不得参与企业经营管理，其持股比例参照境外投资者境内证券投资管理有关规定执行。

七、境内公司、企业或自然人以其在境外合法设立或控制的公司并购与其有关联关系的境内公司，按照外商投资、境外投资、外汇管理等有关规定办理。

八、《外商投资准入负面清单》中未列出的文化、金融等领域与行政审批、资质条件、国家安全等相关措施，按照现行规定执行。

九、《内地与香港关于建立更紧密经贸关系的安排》及其后续协议、《内地与澳门关于建立更紧密经贸关系的安排》及其后续协议、《海峡两岸经济合作框架协议》及其后续协议、我国缔结或者参加的国际条约、协定对境外投资者准入待遇有更优惠规定的，可以按照相关规定执行。在自由贸易试验区等特殊经济区域对符合条件的投资者实施更优惠开放措施的，按照相关规定执行。

十、《外商投资准入负面清单》由国家发展改革委、商务部会同有关部门负责解释。

十一、2021年12月27日国家发展改革委、商务部发布的2021年版《外商投资准入负面清单》自2024年11月1日起废止。

外商投资准入特别管理措施(负面清单)(2024年版)

序号	特别管理措施
	一、农、林、牧、渔业
1	小麦新品种选育和种子生产的中方股比不低于34%、玉米新品种选育和种子生产须由中方控股。
2	禁止投资中国稀有和特有的珍贵优良品种的研发、养殖、种植以及相关繁殖材料的生产(包括种植业、畜牧业、水产业的优良基因)。
3	禁止投资农作物、种畜禽、水产苗种转基因品种选育及其转基因种子(苗)生产。
4	禁止投资中国管辖海域及内陆水域水产品捕捞。
	二、采矿业
5	禁止投资稀土、放射性矿产、钨勘查、开采及选矿。
	三、电力、热力、燃气及水生产和供应业
6	核电站的建设、经营须由中方控股。
	四、批发和零售业
7	禁止投资烟叶、卷烟、复烤烟叶及其他烟草制品的批发、零售。
	五、交通运输、仓储和邮政业
8	国内水上运输公司须由中方控股。
9	公共航空运输公司须由中方控股,且一家外商及其关联企业投资比例不得超过25%,法定代表人须由中国籍公民担任。通用航空公司的法定代表人须由中国籍公民担任,其中农、林、渔业通用航空公司限于合资,其他通用航空公司限于中方控股。

续表

序号	特别管理措施
10	民用机场的建设、经营须由中方相对控股。外方不得参与建设、运营机场塔台。
11	禁止投资邮政公司、信件的国内快递业务。
六、信息传输、软件和信息技术服务业	
12	电信公司：限于中国入世承诺开放的电信业务，增值电信业务的外资股比不超过50%（电子商务、国内多方通信、存储转发类、呼叫中心除外），基础电信业务须由中方控股。
13	禁止投资互联网新闻信息服务、网络出版服务、网络视听节目服务、互联网文化经营（音乐除外）、互联网公众发布信息服务（上述服务中，中国入世承诺中已开放的内容除外）。
七、租赁和商务服务业	
14	禁止投资中国法律事务（提供有关中国法律环境影响的信息除外），不得成为国内律师事务所合伙人。
15	市场调查限于合资，其中广播电视收听、收视调查须由中方控股。
16	禁止投资社会调查。
八、科学研究和技术服务业	
17	禁止投资人体干细胞、基因诊断与治疗技术开发和应用。
18	禁止投资人文社会科学研究机构。
19	禁止投资大地测量、海洋测绘、测绘航空摄影、地面移动测量、行政区域界线测绘，地形图、世界政区地图、全国政区地图、省级及以下政区地图、全国性教学地图、地方性教学地图、真三维地图和导航电子地图编制，区域性的地质填图、矿产地质、地球物理、地球化学、水文地质、环境地质、地质灾害、遥感地质等调查（矿业权人在其矿业权范围内开展工作不受此特别管理措施限制）。

续表

序号	特别管理措施
	九、教育
20	学前、普通高中和高等教育机构限于中外合作办学,须由中方主导(校长或者主要行政负责人应当具有中国国籍,理事会、董事会或者联合管理委员会的中方组成人员不得少于1/2)。
21	禁止投资义务教育机构、宗教教育机构。
	十、卫生和社会工作
22	医疗机构限于合资。
	十一、文化、体育和娱乐业
23	禁止投资新闻机构(包括但不限于通讯社)。
24	禁止投资图书、报纸、期刊、音像制品和电子出版物的编辑、出版、制作业务。
25	禁止投资各级广播电台(站)、电视台(站)、广播电视频道(率)、广播电视传输覆盖网(发射台、转播台、广播电视卫星、卫星上行站、卫星收转站、微波站、监测台及有线广播电视传输覆盖网等),禁止从事广播电视视频点播业务和卫星电视广播地面接收设施安装服务。
26	禁止投资广播电视节目制作经营(含引进业务)公司。
27	禁止投资电影制作公司、发行公司、院线公司以及电影引进业务。
28	禁止投资文物拍卖的拍卖公司、文物商店和国有文物博物馆。
29	禁止投资文艺表演团体。

致　　谢

在本书写作过程中，中国政法大学博士研究生于占洋同学提供了大量的帮助，在此对其表示感谢。当然，书中的任何错误由本人负责。

孔庆江

2025 年 5 月 10 日

涉外法治文库

中国涉外民事诉讼通则　　何其生　主编

• 外商投资法及实施条例释用　　孔庆江　著